Marc Winnicki/Anne Vidal

Das Lach- und Zähnebuch

Herausgegeben von
Catherine Dolto-Tolitch
Zeichnungen von Volker Theinhardt
Aus dem Französischen von
Annette Lallemand

vgs

CIP-Titelaufnahme der Deutschen Bibliothek
Winnicki, Marc:
Das Lach- und Zähnebuch / Marc Winnicki; Anne Vidal.
Hrsg. von Catherine Dolto-Tolitch. Zeichn. von Volker Theinhardt.
Aus d. Franz. von Annette Lallemand. – Köln:
vgs, 1989
(Kinder leben mitten drin)
Einheitssacht.: Oh! Les bonnes dents ‹dt.›
ISBN 3-8025-5084-6
NE: Vidal, Anne:

Titel der Originalausgabe:
Oh! Les Bonnes Dents (Collection: Grain de Sel)
Fachberatung für die deutsche Ausgabe:
Dr. Gabriele Sprenkamp, Zahnärztin
Redaktion: Almuth Sieben
Satz: Fotosatz Froitzheim, Bonn
Printed in Spain
ISBN 3-8025-5084-6

Vorwort

Das Lächeln ist wie eine Tür, offen, einladend, ein Willkommensgruß für jemand anderen, für alle anderen um uns herum. Und noch bevor es auf unseren Lippen sichtbar wird, hat es schon unser Herz geöffnet.

Nur der Mensch kann lächeln, wie er auch das einzige Lebewesen ist, das sprechen kann. Lächeln, sprechen, singen, schreien, essen, über das Essen reden – das alles tun wir mit dem Mund. Er ist nicht wegzudenken aus unserem Leben!

Schon das Neugeborene reißt gleich nach der Entbindung den Mund weit auf. Es will atmen, spüren, wie Luft in Nase, Hals und Lungen dringt. Damit löst es sich gleichzeitig von der Mutter, die vom Augenblick der Empfängnis an für ihr Kind geatmet hatte. Doch kaum hat das Neugeborene gemerkt, daß es selbständig atmen kann, sucht es gleich nach der Brust der Mutter – ein Reflex, der sich bei allen gesunden Neugeborenen beobachten läßt. Auch die Nahrung, die es bisher über Plazenta und Nabelschnur von der Mutter bekam, will es sich nun selbst holen. Es will saugen, den Geschmack der Milch entdecken, doch gleichzeitig die Geborgenheit, die Stimme, den Geruch und den Herzschlag seiner Mutter, all das Vertraute, wiederfinden. Daher ist es kaum übertrieben, wenn man sagt, der Mensch beginne die Entdeckung der Welt mit dem Mund.

Wie ist er denn nun beschaffen, dieser Mund, der so wichtig, so geheimnisvoll ist? Wächst er eigentlich mit uns? Manchmal ist er schon arg lästig: Hier kommen Zähne, da fehlen noch welche, einer hat ein Loch, und das tut weh, andere brauchen eine Spange, und die ist unbequem, dann ist da ein Abszeß, der behandelt werden muß, aber vor allem, Tag für Tag, morgens und abends, dieses verflixte Zähneputzen! Was die kleinen Mäuse und Zahnfeen alles erzählen könnten, die den Kindern für jeden verlorenen Milchzahn ein winziges Geschenk als Trostpflästerchen unters Kopfkissen legen! Leider habe ich keine Zahnmaus gefunden, die bereit gewesen wäre, ihre Erlebnisse auszuplaudern. Daher habe ich Marc Winnicki gebeten, dieses Buch zu schreiben über die Geheimnisse des Mundes, der Zähne, aber auch des Lächelns.

Marc Winnicki ist Zahnarzt. Wir arbeiten schon viele Jahre zusammen. Und doch bin ich immer wieder von neuem erstaunt, daß all seine Patienten, ob groß oder klein, seine Praxis lächelnd verlassen. Wenn sie zum ersten Mal kommen, wirken sie manchmal ein wenig verstört, doch sie sind wie verwandelt, wenn sie wieder fortgehen. Da gibt es sogar Kinder, die sich heimlich in seine Praxis einschleichen, um in Ruhe alles dort auszukundschaften. Ich habe mir gedacht, Marc muß als Kind große Angst vorm Zahnarzt gehabt haben, weil er jetzt auf alle Furchtsamen, die sich seinen geschickten Händen wohl oder übel anvertrauen müssen, so beruhigend wirkt. Um Zahnarzt zu werden, muß man künstlerisch begabt sein und großes handwerkliches Geschick haben: neue Zähne einsetzen, alte reparieren, geradebiegen, künstliche herstellen, die den echten wie Zwillinge gleichen – das alles muß ein Zahnarzt können.

Anne Vidal, die an diesem Buch auch mitgearbeitet hat, ist Psychologin. Sie weiß meist eine gute Antwort auf Fragen, die Kinder beschäftigen.

Und so hoffe ich, daß jeder, der dieses Buch gelesen hat, nach Herzenslust zubeißt, um das Leben in vollen Zügen zu genießen. Zum Lächeln und Lachen gibt es dann allen Grund!

Catherine Dolto-Tolitch

Inhalt

Ein Lächeln auf den Lippen 13

Der Herzmund 14
Du strahlst ja übers ganze Gesicht 14
Lächeln kommt aus dem Herzen 15
Das Lachen 15
Der Kuß 17
Lächeln und Lachen ist Muskelarbeit 18
Ein Gesicht zum Anbeißen 19
Spieglein, Spieglein an der Wand 20

Reise ins Innere des Mundes 25

Was die Zungenspitze ertastet 26
Mundbewegung ist Muskelarbeit 27
Der Mund ist zum Essen da 33
Der Mund ist zum Atmen da 35
Der Mund ist zum Sprechen da 36

Aus dem Leben der Zähne 39

Aus einem kleinen Keim wird ein Zahn 40
Milchzähne, bleibende Zähne 40
Versteckte Zähne 41
Der erste Zahn ist da 41
Der Zahn-Kalender 42
Weisheitszähne 44
Jeder an seinem Platz 44
Wie eine Blume! 44
Ein gut gepolsterter Zahn 45
Die Bißstellungen 46

Zähne für ein ganzes Leben 49
- So ein Zahn hat's manchmal schwer 50
  - Karies 50
  - Zahnstein 53
  - Wenn es im Mund brennt 54
  - Zähne schön in Reih und Glied 54
  - Auch Zähne haben ihre Mucken 57
  - Was so alles passieren kann 58
- Das Anti-Karies-Programm 60
  - Vorbeugen ist besser als Heilen 60
  - Die Grundsätze der Vorsorge 61
  - Gesunde Ernährung, gesunde Zähne 63
  - 10 Regeln für gesunde Zähne 65

Besuch beim Zahnarzt 67
  - Die Zahnarztpraxis 68
  - Die Untersuchung 70
  - Die Kariesbehandlung 72
  - Die Zukunft ist rosig 73

Zahngeschichten 75
- Die Geschichte zeigt Zähne 76
  - Die Zähne der Vorzeit 76
  - Achtung, Zucker im Anmarsch! 77
  - Die Zähne der Kleopatra 78
  - Die Zahnbürste kommt von weit her 80
- Zahn um Zahn 81
  - Zähne und Handwerkskunst 82
  - Bräuche und Aberglaube 82
  - Rezepte zum Lachen 83
- Zähne sind vielsagend 84
  - Redensarten 84
  - Ende gut – alles gut 85

Register 89

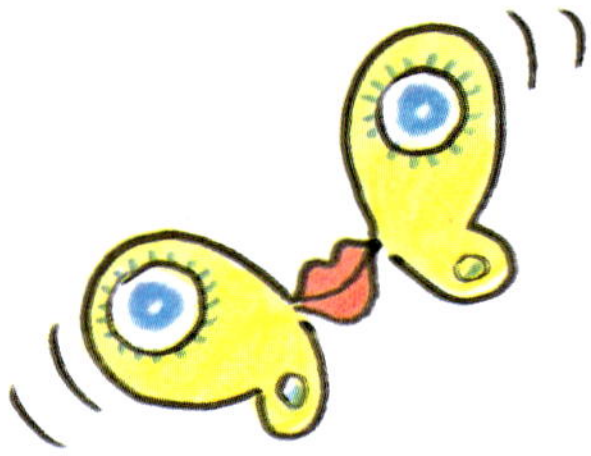

B
A

Ein Lächeln auf den Lippen

Mit dem Mund kann man soviel machen! Lachen, lächeln, sprechen, die Lippen zusammenpressen, singen, pfeifen, einen Schmollmund ziehen, küssen und essen. Wenn wir uns mit anderen verständigen wollen, ist der Mund der nützlichste Teil unseres Körpers.

Der Herzmund

Zuerst sieht man beim Mund die Lippen. Sie sind leicht hervorgehoben und wirken wie umrandet oder nachgezeichnet. Sie können voll und fleischig oder dünn und schmal sein. Ihre Form erinnert an ein Herz. Die Haut der Lippen ist sehr zart und ihre Farbe reicht von pfirsichgold bis kirschrot.

Du strahlst ja übers ganze Gesicht

Wenn sich unser Gesicht ausruht, sind unsere Lippen meist geschlossen. Doch dann geschieht etwas: Eine kurze Antwort, eine nette Begegnung oder ein fröhlicher Gedanke, und schon öffnet ein Lächeln die Lippen und zeigt eine Reihe Zähne. Das ist ein gutes Zeichen, die Laune ist bestens und man findet alle Leute nett.

Wenn wir lächeln, erstrahlt unser Gesicht wie eine Sonnenblume: Die Wangen werden rund, die Nasenflügel weiten sich, in den Augenwinkeln blitzen tausend winzige Fältchen, und sogar die Ohren wackeln ein bißchen.

Lächeln kommt aus dem Herzen

„Hübsches Lächeln, hübsche Zähne“, sagt man zu recht, denn schon ein kaputter Zahn genügt, und wir scheuen uns, den Mund aufzumachen. Also schleunigst zum Zahnarzt! Denn wir wollen doch weiterhin freudig lächeln können!

Auch wenn unsere Zähne nicht so blendend weiß und so gleichmäßig aneinandergereiht sind wie auf Werbefotos für Zahnpasta, können wir genau so hübsch, wenn nicht noch viel bezaubernder lächeln, denn das schönste Lächeln kommt aus dem Herzen.

Die Edamer Mieze

Kein Tier, nur der Mensch kann lächeln oder lachen, abgesehen von erfundenen Geschichten wie „Alice im Wunderland“. Lewis Carroll, der dieses Buch geschrieben hat, läßt eine Edamer Katze auftreten. Das ist eine Katze, die übers ganze Gesicht grinst. Wenn sie sich unsichtbar macht – das kann sie nämlich auch – bleibt von ihr nichts weiter als ein breites Grinsen auf einem Zweig zurück!

Einen ähnlichen Spaß könnt ihr euch machen: ihr tragt etwas Lippenstift auf, und küßt . . . ein Blatt Papier. Das könnt ihr jetzt sogar verschicken, um jemandem ein ganz persönliches Geschenk zu machen.

Das Lachen

Auch das Lachen ist ein Ausdrucksmittel, über das nur der Mensch verfügt. Der französische Schriftsteller Rabelais, in dessen Büchern es viel zu lachen gibt, schrieb im 16. Jahrhundert: „Lachen ist das Merkmal des Menschen.“ Jeder von uns hat sein eigenes Lachen. Es ist ein Erkennungsmerkmal, wie die Stimme oder die Augenfarbe.

Macht doch einmal ein Spiel: Ihr schließt die Augen und versucht, eure Freunde an ihrem Lachen zu erkennen. Da merkt man erst einmal, daß es Hohoho-, Hahaha-, Hehehe- und Hihihi-Lachen gibt, Mäuselachen und Elefantenlachen. Lachen, das wie Glöckchen klingt, wie eine Lawine oder wie ein Wasserfall.

Die Lach-Palette

Wenn wir lachen, machen wir nicht nur den Mund auf: Unser ganzer Körper wird geschüttelt, und es kann uns sogar die Luft wegbleiben. Es ist schwer, ein Lachen zu unterdrücken, sich „das Lachen zu verbeißen" und nicht loszuprusten ...

Wir verfügen über eine ganze Palette, um lachend auszudrücken, was wir fühlen: Sind wir rundum glücklich, lachen wir „übers ganze Gesicht"; wir lachen „hellauf", „fröhlich", „herzlich", wenn wir uns freuen; wir „lachen Tränen", „kugeln uns vor Lachen", lachen uns „schief, krank, scheckig", weil die anderen so urkomisch sind; wir „halten uns den Bauch vor Lachen", „brüllen vor Lachen"; wir können aber auch „verstohlen, lautlos, heimlich, ins Fäustchen" lachen; wir ärgern uns über ein „dreckiges Lachen" und lachen jemandem „frech oder kalt ins Gesicht".

Das „falsche" Lachen

Manchmal lachen wir, wenn uns gar nicht danach ist. Wir lachen vor Wut, gezwungen, überlegen, höhnisch, verächtlich, böse, bitter, widerwillig, verkniffen, scheinheilig, kalt.

Der Lachanfall

Lächeln kann man lernen; zum Lachen kann man sich zwingen, auch wenn einem nicht danach zu Mute ist; doch gegen den Lachanfall, der einen überfällt, der immer unbeabsichtigt ist, sind wir machtlos. Und wie befreiend das ist, sich einmal so richtig zu kugeln vor Lachen!

Ein winziger Anlaß kann einen Lachanfall auslösen: Man verspricht, verhaspelt, verheddert sich, stottert oder stolpert über ein Wort, findet etwas umwerfend komisch, drollig, zum Kaputtlachen ... Das Schlimmste ist: Man kann nicht mehr aufhören, hält sich den Bauch, schüttelt und krümmt, ja kugelt sich vor Lachen. Die anderen, die nicht lachen, halten einen für total verrückt, übergeschnappt! Zum Glück wirkt nichts so ansteckend wie Lachen, und je mehr „Verrückte“ sich zusammentun, desto größer wird das Gelächter!

Der Kuß

Man spitzt die Lippen, zwei Gesichter berühren sich, ein Küßchen auf die Wange, zart und kostbar wie ein Schmetterling. So begrüßt man einnander, wenn man sich lieb hat. Schließt man dabei die Augen, kann man noch viel mehr spüren: die glatte Haut, den Duft des Parfums, die Wärme des Gesichts oder die eisige Nasenspitze. In diesem Moment sammelt sich in unserem Mund, in unseren Lippen all die Zuneigung, die wir für den anderen empfinden.

Küßchen, Küßchen . . .

Ein Küßchen links, ein Küßchen rechts, und immer weiter so: eins, zwei, drei, vier, viele Küßchen. Es können gar nicht genug sein, wenn man zeigen will, wie gern man jemanden hat! Wenn man sich liebt, hat man sich „zum Fressen gern“.

Und noch mehr Küßchen

Einen Kuß auf den Mund . . . so sieht man's bei den Russen und den Verliebten. Und was tun die Eskimos? Sie reiben ihre Nasenspitzen aneinander. Der Handkuß ist eine höfliche Geste, doch das Kußhändchen, das man jemandem zuwirft, ist eine Botschaft, die von Herzen kommt.

Lächeln und Lachen ist Muskelarbeit

Wenn wir lächeln oder küssen, bewegt sich alles in unserem Gesicht, mit Ausnahme der Zähne!

An jedem Lachen, jedem Lächeln, jedem Gesichtsausdruck ist zumindest ein Muskel beteiligt. Meist wirken sogar mehrere zusammen. Man könnte sie mit Marionettenspielern vergleichen, die die Fäden ziehen und die Puppen bewegen. Diesen Muskeln verdanken wir unseren ständig wechselnden Gesichtsausdruck, der unsere Gefühle und Stimmungen spiegelt. Es sind etwa dreißig Muskeln, große und kleine, die den ganzen Tag in Bewegung sind. Manche haben schwierige, andere recht lustige Namen: Trompetenmuskel, Lachmuskel, Augenringmuskel und Jochbeinmuskel.

Ein Gesicht zum Anbeißen

Vorsicht! Gesichtsausdruck und Gesichtszüge sind zwei verschiedene Dinge! Die Gesichtszüge könnte man vergleichen mit einer Skizze, dem gezeichneten Entwurf für ein Bild. Dabei wird die Form festgelegt. Einmalig und unverwechselbar wird unser Gesicht durch die Höhe der Wangenknochen, die Maße der Stirn, die Zeichnung des Mundes, die Beschaffenheit der Kiefer, die Form der Zähne und die Farbe des Zahnschmelzes.

Von den Gesichtszügen läßt sich manchmal auch die Herkunft eines Menschen ablesen: Für manche Gegenden ist die leicht gebogene, schmale Adlernase typisch, für andere die wulstigen Lippen und für wieder andere die Schlitzaugen. Jede Rasse hat ihre Merkmale, ihre Besonderheiten und ihre ganz eigene Schönheit. Wer die Unterschiede erkennen will, muß sich seine Mitmenschen genau ansehen.

Doch über die guten oder schlechten Eigenschaften von Menschen sagen Gesichtszüge oder Hautfarbe nichts aus. Es wäre ein schlimmer Irrtum, so etwas zu glauben. Man sollte sich die Menschen, die einem tagtäglich begegnen, freimütig ansehen. Und bevor man sich zu irgendwelchen Schlußfolgerungen oder zu Spott aufgrund von Äußerlichkeiten wie Himmelfahrtsnase, Igel- oder Krauskopf oder Fledermausohren hinreißen läßt, muß man erst einmal abwarten, bis ein Gesicht sich belebt. Erst dann kann man spüren, welchen Charme und welche Anziehungskraft es ausstrahlt.

Rassismus

In der Geschichte der Menschheit kam es immer wieder vor, daß jemand behauptete, diese oder jene Rasse sei den anderen überlegen. Das nennt man Rassismus. Man nahm einfach körperliche Unterschiede zum Vorwand, um gegen ganze Völker zu hetzen und sie zu verfolgen: So war es auch mit den Juden zur Zeit des Nationalsozialismus.

Spieglein, Spieglein an der Wand

Für dieses lustige Spiel solltet ihr euch mal etwas Zeit nehmen: Ihr stellt euch vor den Spiegel und beobachtet, was euer Mund mit oder ohne Worte alles mitzuteilen vermag. Er kann ja viel mehr als sprechen! Schneidet mal nach Herzenslust Gesichter und Grimassen, sprecht schwierige Wörter deutlich aus und macht Geräusche – immer ist der Mund beteiligt.

Vorhang auf für die Schaupieler

Unter Mienenspiel oder Mimik versteht man alles, was stumm das gesprochene Wort unterstützt. Die Schauspieler am Theater beherrschen diese Kunst: Durch ihr ausdrucksvolles Mienenspiel unterstreichen sie ihren Auftritt und ihre Worte.

Um deutlich zu machen, daß man guter Laune ist, kann man aus dem einen oder dem anderen Mundwinkel, übers ganze Gesicht oder gar von einem Ohr bis zum anderen lächeln! Viel, viel schwieriger ist es, ohne jegliche Mundbewegung nur mit den Augen zu lächeln!

Um Zorn deutlich zu machen, kann man mit den Zähnen knirschen, den Rachen wie zu einem Schlund weit aufreißen, die Lippen bedrohlich runden oder gar die Zähne zeigen.

Um Angst deutlich zu machen, kann man die Augen zusammenkneifen und mit den Zähnen klappern.

Um Langeweile auszudrücken, läßt man den Blick ins Leere wandern und gähnt noch dazu. Wer traurig ist, läßt die Gesichtszüge in sich zusammensacken, zittert mit dem Kinn und schluchzt oder schnieft.

Es gibt tausenderlei Arten, um seine Gefühle auszudrücken: Man macht ein aufmerksames, ein besorgtes, ein empörtes, erstauntes, bewunderndes Gesicht, gibt sich gleichgültig, hocherfreut, mißmutig, streng, griesgrämig oder schaut so drein, als könnte man kein Wässerchen trüben. Und schon ein kleines Augenzwinkern zieht uns manchmal die Mundwinkel hoch!

Das Alphabet-Spiel

Bei diesem Spiel muß man alle Buchstaben des Alphabets der Reihe nach sorgfältig aussprechen und dabei im Spiegel beobachten, was geschieht. Aber auch was man im Mund dabei verspürt, ist sehr wichtig.

Wo ist die Zunge, wenn man den Buchstaben l ausspricht?
Was tut die Zunge beim r?
Und beim d?
Beim runden o, runder Mund,
beim schlanken a, weit auf den Mund!
Mit i fängt schon das Lächeln an.
Und was kommt aus einem Schmollmund? Das ö!
Wer kann das r schön rollen? Hinten an der Zunge schnurrt es wie ein Kätzchen, doch über die Zungenspitze kullert es wie ein Kiesel.

Was geschieht in unserem Mund, wenn man so schwierige Wörter auszusprechen hat wie Homöopathie oder Katalysator, solche Zungenbrecher wie Tschechisch, Kautschuk oder Rhabarber, oder so verrückte Wörter wie Quasselstrippe, Krümelmonster oder Kladderadatsch?

Grimassenschneiden

Das Wort Grimasse ist aus dem Französischen übernommen, stammt aber ab von dem altnordischen Wort *grima*, welches Maske bedeutet.

Grimassen schneiden ist eine Kunst. Man verändert sein Gesicht, um etwas Ungewöhnliches auszudrücken: Man will zum Lachen bringen, Furcht einflößen, sich verstellen oder andere überraschen.

Die einfachste, alltäglichste Grimasse ist das Zungeherausstrecken. Seltener sieht man, wie jemand die Unter- oder die Oberlippe einstülpt oder versucht, mit der Zungenspitze die Nase zu erreichen.

Für nicht-alltägliche Anlässe gibt es außergewöhnliche Grimassen: Man kann seine Wangen einsaugen und ganz hohl aussehen oder die Zähne fletschen wie ein ausgehungerter Wolf. Und wieder sind es Mund und Zähne, die die tollsten Grimassen hervorbringen!

Und wer zu seinen Grimassen auch noch die passenden Geräusche macht, ist der vollkommene Fratzenschneider.

Wer schneidet die schönste Grimasse?

Wer schön vor dem Spiegel geübt hat, kann mit seinen Freunden einen Wettkampf im Grimassenschneiden veranstalten. Und das ist wieder etwas, worum die Tiere euch beneiden könnten: Denn der Mensch ist das einzige Lebewesen, das seinem Gesicht mit Absicht einen bestimmten Ausdruck geben kann.

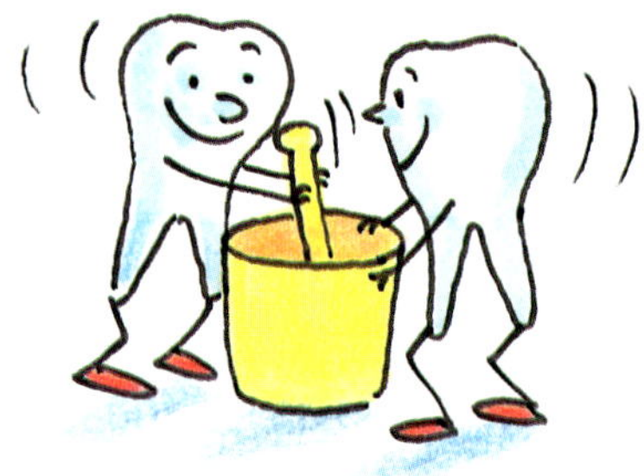

Reise
ins Innere
des Mundes

Wenn wir sprechen, singen oder pfeifen, senden wir mit dem Mund Signale nach außen. Beim Essen, Kauen und Schlucken holen wir mit dem Mund etwas nach innen. Mit dem Mund kann man aber auch tasten, um etwas zu erspüren, zu erfühlen. Das Baby steckt sich alles, was es liebt oder kennenlernen will, in den Mund.

Was geschieht beim Sprechen, Singen, Kauen, Schlucken oder Berühren? Um mehr darüber zu erfahren, wollen wir eine Entdeckungsreise in das Innere des Mundes unternehmen. Da wird man feststellen, daß der Mund eine merkwürdige kleine Höhle ist: mit zwei Wänden, einem Boden, einem Gewölbe und zwei Öffnungen. Diese Mundhöhle ist immer feucht. Mit all ihren ungeahnten Schätzen gleicht sie Ali Babas Wunderhöhle.

Was die Zungenspitze ertastet

Was spürt man wohl, wenn man die Augen schließt und mit der Zungenspitze langam das Innere des Mundes abtastet?

Dehnbare Seitenwände

Sie sind weich und warm, hinten etwas wärmer, vorne eher kühl. Man kann mit der Zunge dagegendrücken, sie aufpusten oder einsaugen. Diese Seitenwände sind also dehnbar, fast wie ein Luftballon.

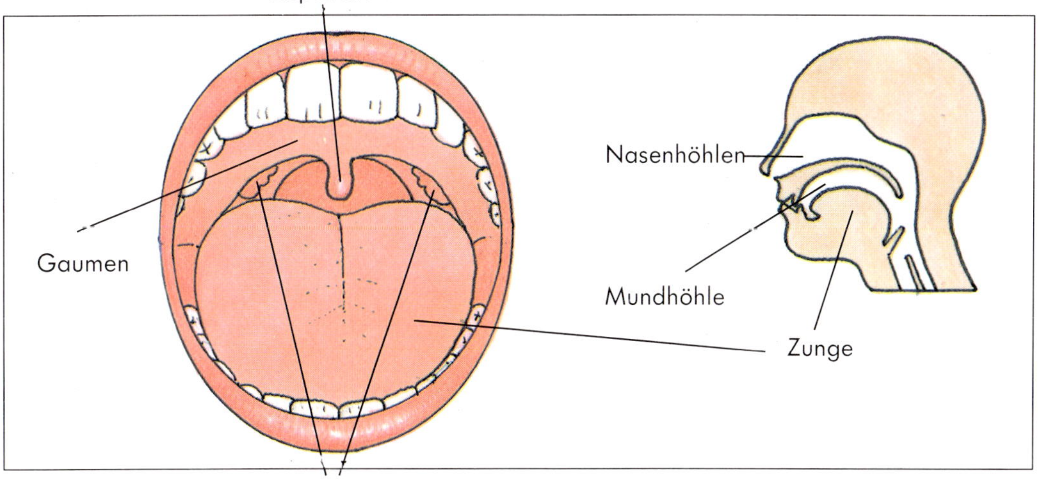

Das Gewölbe

Es fühlt sich für die Zungenspitze sehr angenehm an, ist aber hart und gespickt mit winzigen Buckeln. Dieses Munddach nennt man Gaumen.

Der Boden

Die Zunge ruht auf einer molligen und bequemen Matratze: Das ist der Mundboden.

Es ist schwierig, mit der Zungenspitze die eigenen Zähne abzuzählen. Aber beim Abtasten spürt man, daß sie glatt und fest sind.

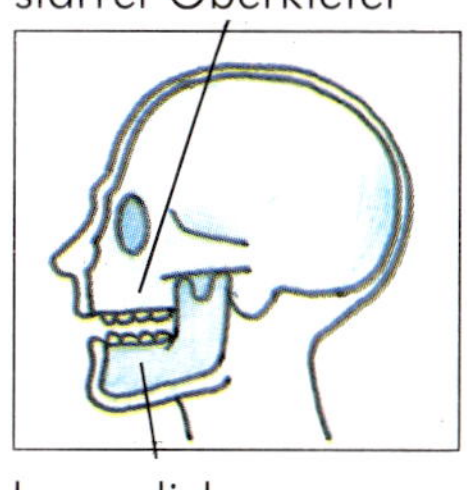

Mundbewegung ist Muskelarbeit

Um den Mund aufzumachen, braucht man nur den Unterkiefer zu bewegen, der sich um ein Gelenk dreht, das kurz vor den Ohren sitzt. Der Oberkiefer läßt sich nicht bewegen: Er ist mit dem Schädel fest verbunden.

Vier kräftige Muskeln sind an dieser Bewegung beteiligt: Sie sitzen zu beiden Seiten der Kieferknochen vor den Ohren und heißen: großer Kaumuskel, innerer Flügelmuskel, äußerer Flügelmuskel und Schläfenmuskel.

Wenn man die Zähne ganz fest zusammenbeißt, spürt man sehr deutlich, daß diese Muskeln auf beiden Seiten des Gesichts steinhart sind. Wir trainieren sie ja auch ständig:
Bei jedem Öffnen des Mundes, beim Kauen, beim Sprechen, beim Lachen und sogar, wenn wir den Mund geschlossen halten. Daher ist es nicht verwunderlich, daß sie zu den kräftigsten Muskeln unseres Körpers gehören.

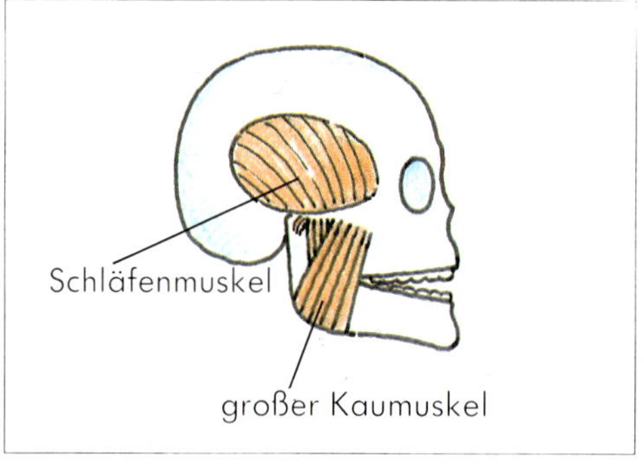

Wenn wir uns einen Spiegel vor den weitgeöffneten Mund halten, erkennen wir:

Die Mundschleimhaut

Das weiche und feuchte Gewebe, das unsere Zunge ertasten kann, kleidet unsere gesamte Mundhöhle aus. Es ist hellrot und heißt Mundschleimhaut. Es reicht noch viel weiter, als wir sehen können: Hinten im Mund setzt es sich fort bis in Hals und Rachen.

Die Lippen

Auch sie sind von einer Schleimhaut überzogen, die hell- oder tiefrot gefärbt ist. All unsere Lippenbewegungen verdanken wir ebenfalls kräftigen Muskeln, die um die Mundöffnung herum, aber auch in den Lippen selbst verlaufen.

Die Zähne

In Reih und Glied stehen sie da, die zwei weißen Zahnreihen: eine im Oberkiefer und die andere im Unterkiefer verankert. Die

einzelnen Zähne sind unterschiedlich geformt. Das vollständige Gebiß besteht aus 8 Schneidezähnen, 4 Eckzähnen, 8 vorderen Backenzähnen, 8 Mahlzähnen und häufig 4 Weisheitszähnen.

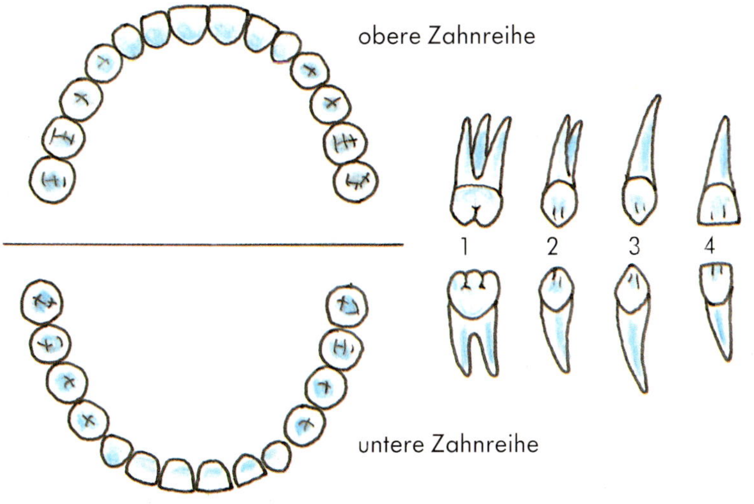

1 – Mahlzähne

2 – vordere Backenzähne

3 – Eckzähne

4 – Schneidezähne

Jeder Zahn hat seine Aufgabe

Die *Schneidezähne* besitzen eine scharfe Schneidekante zum Abbeißen.

Die *Eckzähne* sind vorn zugespitzt und zerreißen die Nahrung. Bei fleischfressenden Tieren wie Hunden oder Wildkatzen sind sie besonders kräftig und stark ausgeprägt.

Die vorderen *Backenzähne* haben eine zweihöckrige Krone und dienen der Zerkleinerung der Nahrung. Man nennt sie auch Vormahlzähne.

Die *Mahlzähne* sind breite und mächtige Backenzähne, fast viereckig mit ihrer vierhöckrigen Krone. Sie zermahlen die Nahrung.

Das Zahnfleisch

Von unseren Zähnen sehen wir nur den Teil, der nach außen gewachsen ist, doch ihre Wurzeln sind tief eingepflanzt in den Kieferknochen. Dieser wiederum ist von einem rosa Polster bedeckt, dem Zahnfleisch.

Zwischen Zahnfleisch und Backeninnenwand befindet sich eine Art Grube: der Mundvorhof. Man kann ihn mit dem Finger abtasten.

Wer hat die längste Zunge?

In Ruhestellung liegt sie locker am Boden unserer Mundhöhle in ihrem Bett zwischen den Zähnen des Unterkiefers. Doch plötzlich schnellt sie vor, wird größer und länger, und scheint gar nicht mehr in den Mund zu passen! Wie kommt das?

Unsere Zunge ist ein Muskelpaket: Siebzehn Muskeln werden angespannt, wenn sie sich in alle Richtungen bewegt! Wenn man mit offenem Mund vor dem Spiegel mit der Zungenspitze den Gaumen berührt, erkennt man auf der Unterseite das Zungenbändchen.

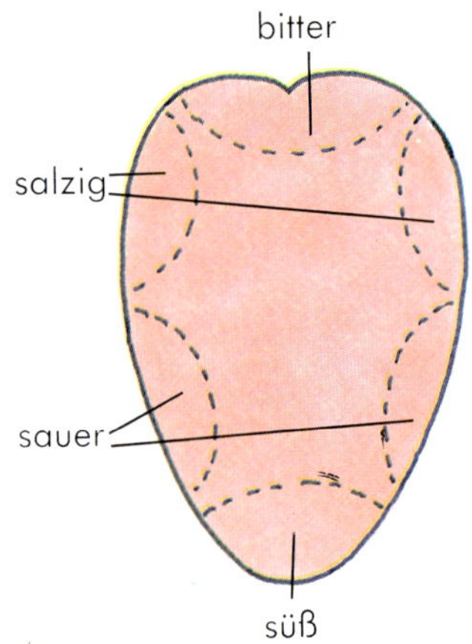

Ein Warzenteppich

Wenn man vor dem Spiegel die Zunge herausstreckt und sie genau anschaut, erkennt man einen Teppich pilzförmiger kleiner Warzen, mit dem sie überzogen ist. Das sind die Papillen. Dieser rauhe Teppich endet tief im Mund in dicken runden Papillen, die wie ein V angeordnet sind. Diese Papillen sind sehr wichtig: Sie vermitteln uns den Geschmack der Dinge, die wir in den Mund stecken. Salzig spüren wir auf der ganzen Zunge, süß an der Zungenspitze, sauer an den Zungenrändern, und bitter an der Zungenbasis. So geben diese Papillen grünes oder rotes Licht, bevor wir etwas hinunterschlucken.

Ein Geschmackstest

Wer errät es am schnellsten? Ihr holt ein paar Freunde zusammen und legt vier Dinge bereit:

- ein Stückchen Zucker für „süß“,
- einen Salzstreuer für „salzig“,
- eine Zitronenscheibe ohne Schale für „sauer“,
- Zitronenschale (ungespritzt) für „bitter“.

Und nun verbindet ihr euch der Reihe nach die Augen und versucht zu erraten, was die anderen euch auf die Zunge legen.

Schwieriger wird ein solcher Geschmackstest, wenn man Lebensmittel aussucht, die nicht so eindeutig schmecken oder die man nicht so häufig ißt, zum Beispiel Gewürze.

Mit dem Geschmackssinn ist es wie mit vielen anderen Dingen: man kann lernen, ihn zu entwickeln und zu schärfen.

Dazu gehört, daß man sehr genau auf seine Empfindungen achtet, sie wiedererkennt und vergleicht.

Der Speichel

Die Speicheldrüsen sieht man nicht, sie sind unter der Schleimhaut versteckt. Dabei sind sie ständig tätig: Sie produzieren Speichel, der über viele kleine Kanäle in den Mund fließt. Daher ist unser Mund immer feucht.

Der Speichel ist wichtig. Er tötet eine ganze Reihe von Krankheitserregern ab und schützt uns so vor Infektionen. Eine besondere Rolle spielt er außerdem bei der Verdauung von Speisen: Mit Hilfe des Speichels werden sie in einen Brei verwandelt. Und da der Speichel nicht nur aus Wasser, sondern aus vielen anderen Stoffen besteht, vermischt er sich mit den Speisen und macht sie leichter verdaulich.

Da läuft einem das Wasser im Munde zusammen

Der Speichelfluß wird tatsächlich stärker, wenn man etwas sieht oder riecht, das man für sein Leben gern ißt. Aber mehr Speichel fließt auch, wenn man innerlich erregt ist, zum Beispiel wenn man große Angst hat. Umgekehrt bekommt man vor Aufregung einen trockenen Mund, und auch vor Staunen bleibt einem schon mal „die Spucke weg".

Eine wichtige Wegkreuzung: Der Rachen

Der Arzt bittet uns, „aaaah" zu sagen oder ihm sogar die Zunge herauszustrecken, damit wir den Mund weit öffnen und er uns möglichst tief in den Hals sehen kann.

Was sieht er da? Zunächst einmal das Gaumensegel. So nennt man die im Anschluß an den harten Gaumen ausgespannte weiche und dehnbare Schleimhaut. Und genau in der Mitte dieses Gaumensegels hängt, wie ein Zapfen unter der Decke einer Tropfsteinhöhle, das Gaumenzäpfchen. Es bewegt sich, wenn wir Töne bilden.

Der Hals oder Rachen ist deswegen so wichtig, weil sich hier mehrere Wege kreuzen: Der Weg der Speisen und die Atemwege. Der rückwärtige Teil der Nase und die Ohren haben ebenfalls einen Verbindungsweg zum Rachen. Daher hat man bei Schnupfen häufig auch Halsweh und Ohrenschmerzen.

Auch wenn wir weinen, fließt ein Teil der Tränen durch kleine verborgene Kanäle in den Rachen.

Zu beiden Seiten des Zäpfchens kann man die Mandeln sehen. Normalerweise sind sie rosa, wie alles im Mund. Doch bei Angina können sie dunkelrot anlaufen und gesprenkelt sein mit lauter weißen Pünktchen.

Der Mund ist zum Essen da

Damit wir wachsen, uns bewegen, arbeiten, kurz: leben können, müssen wir uns ernähren. Alles was wir essen, wird verdaut und in Energie umgewandelt. Die erste Etappe des Verdauungsvorganges findet im Mund statt.

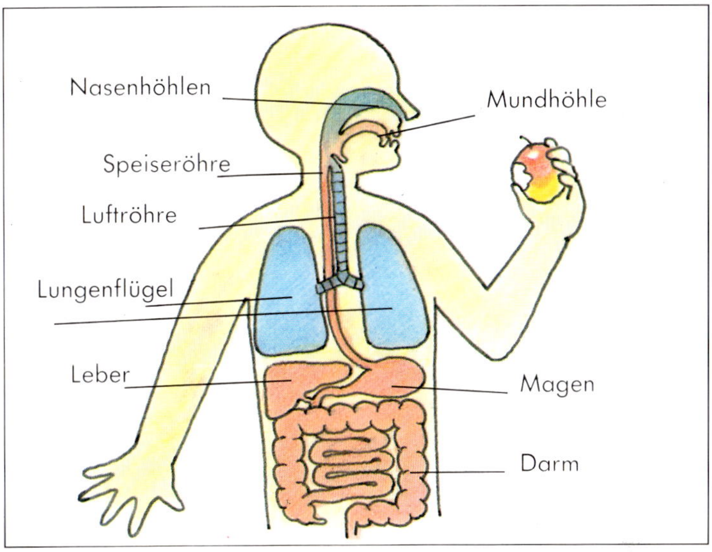

Kauen

Wer Hunger hat, kann einem schönen rotbackigen Apfel nicht widerstehen.

Wir sperren den Kiefer weit auf, die Schneidezähne beißen in den Apfel, lösen ein Stück heraus, und hopp! der Mund geht wieder zu, die Kaumuskeln setzen sich in Bewegung, die Mahlzähne zerkleinern den Bissen, zermalmen ihn, die Zunge befördert ihn von einer Backe in die andere, der Speichel mischt sich ein, und aus dem knackigen Apfelbissen wird ein Speisebrei!

Schlucken

Damit der Speisebrei in den Magen gelangt, müssen wir ihn hinunterschlucken. In drei Stufen wandert er vom Mund durch die Speiseröhre zum Magen.

Der Schluckvorgang im Mund

Es geht blitzschnell: Von Zunge und Kaumuskeln angeschoben, rutscht der Speisebrei vom Mund in den Rachen, zum Eingang des Schlunds.

Der Schluckvorgang im Schlund

Der Schlund, die Höhle hinter dem Gaumensegel, ist die große Kreuzung von Nasenhöhlen und Kehle, vor allem aber von Luftweg (Kehlkopf, Luftröhre, Lungen) und Verdauungsweg (zum Magen führende Speiseröhre und Darm), die beide lebensnotwendig sind.

Hier findet die zweite Etappe statt: Der Speisebrei gelangt sehr schnell in den Schlund und muß unbedingt geradewegs in den Magen weitergeleitet werden. Zum Glück öffnet sich der Eingang zum Magen für ihn, während die verbotenen Richtungen in die Luftwege versperrt sind.

Rotes Licht, grünes Licht

Da alles in unserem Körper wunderbar organisiert ist, ist an dieser Kreuzung ein Sicherheitssystem eingebaut, das Unfälle verhindert. Sobald der Speisebrei im Schlund ankommt, beginnt dieses Sicherheitssytem zu arbeiten: Das Gaumensegel mit dem Zäpfchen hebt sich und verstopft den Eingang zu den Nasenhöhlen. Der Kehlkopf schließt sich, indem er hochkommt und sich gegen die Zunge neigt, sodaß der Kehldeckel, ein dreieckiges Knorpelplättchen, automatisch den Eingang zur Luftröhre verschließt, wenn man etwas herunterschluckt.

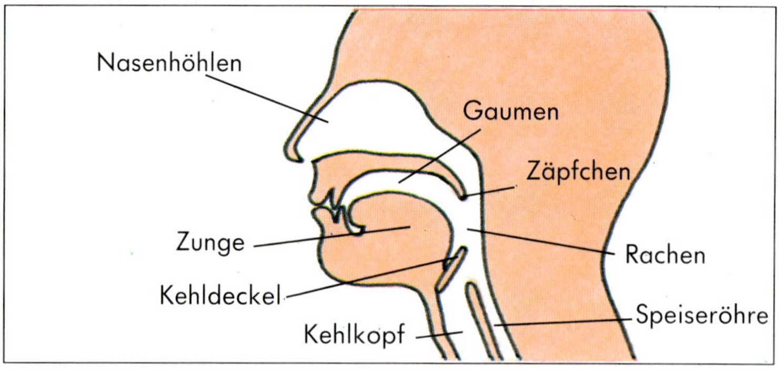

Und wenn man sich doch verschluckt?

Es kommt immer mal vor, daß ein Bissen den falschen Weg einschlägt und man sich verschluckt:

– Irrweg in Richtung Luftröhre: Gelangt der Bissen in den Kehlkopf, ist Husten die einzige Hilfe. Die Luft drängt den Bissen auf den richtigen Weg zurück.

– Irrweg in Richtung Nasenhöhlen: Auch das kommt vor, wenn man während des Schluckens husten muß, und die Luft Speisebröckchen in Richtung Nase pustet.

Im allgemeinen sind solche Zwischenfälle nicht gefährlich, aber man sollte sich angewöhnen, keine zu großen Brocken zu verschlingen: Alles, was gut zerkaut ist, läßt sich auch mühelos schlucken.

Von der Speiseröhre in den Magen

Endlich ist die Speiseröhre erreicht. Ein langer Muskelschlauch, der sich zusammenzieht und so die Nahrung in den Magen schickt.

Der Mund ist zum Atmen da

Durch die Nase zu atmen, ist das Natürlichste. Das können alle Babys auf der Welt gleich nach ihrer Geburt. Erst später lernen wir, auch durch den Mund zu atmen, was hilfreich sein kann, wenn die Nase verstopft ist.

Sobald wir etwas schlucken, sorgt die Sicherheitsvorrichtung des Kehlkopfs für ein kurzes Aussetzen der Atmung, doch nur so lange, wie der Bissen braucht, um am Kehlkopf vorbei den richtigen Weg zu finden.

Der Mund ist zum Sprechen da

Daß wir sprechen können, halten wir für etwas Selbstverständliches. Es gehört zum menschlichen Leben dazu: Man will sich mitteilen, sich verständlich machen, Fragen stellen, Zuneigung oder Wut ausdrücken. Sprechen scheint uns so natürlich, daß man meinen könnte, es sei kinderleicht.

Dabei müssen gleich mehrere Organe zusammenwirken, damit wir überhaupt „guten Tag“ sagen können: Die Lungen liefern die Luft, der Kehlkopf erzeugt die Töne, und Rachen, Mund und Nase fabrizieren das Wort.

Die Stimme

Zupft man mit dem Finger an einer Gitarrensaite, ergibt das einen Ton. Man hört ihn ganz deutlich, weil er im hohlen Gitarrenbauch widerhallt, der als Verstärker dient.

Mit unserer Stimme ist es ähnlich: Unser Musikinstrument heißt Kehlkopf. Seine Saiten sind die Stimmbänder. Aber es ist natürlich kein Finger, der sie zum Vibrieren bringt, sondern die Luft, die wir ausatmen. Das erzeugt einen Ton, den man sehr gut hören kann, wenn man mit geschlossenem Mund vor sich hin trällert. Sobald dieser Ton die Kehle erreicht, hallt er in allen Hohlräumen wider: im Rachen, in den Nasenhöhlen und im Inneren des Mundes.

Die Sprache

Warum sind die Töne verschieden? Weil wir mehr oder weniger Luft auf den Weg schicken. Aber vor allem, weil alle Organe, die zur Erzeugung der Töne beitragen, verschiedene Bewegungen machen können: Der Kehlkopf hebt oder senkt

Zungenstellung, wenn wir A oder T sagen

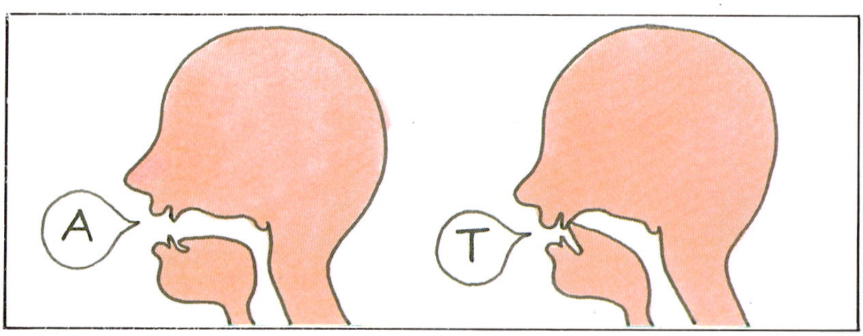

sich, die seitlich verlaufenden Stimmbänder können sich annähern, strecken oder zusammenziehen, der muskulöse Rachen reckt sich stärker oder schwächer, weitet oder verengt sich, das Gaumensegel klappt hoch oder nieder, die Zunge verändert ihre Stellung, und die Lippen öffnen, schließen oder weiten sich.

Auch die Zähne spielen mit

Sie sind besonders wichtig für unsere Aussprache. Sie dienen der Zunge als Stütze: Von ihrem Sitz und ihrer Stellung hängt es ab, wie wir Wörter artikulieren. Manchmal genügt eine Winzigkeit – eine verdickte Zunge oder ein fehlender Zahn – und schon kommt es zu Aussprachefehlern wie Zischen oder Lispeln. Und jemand ganz ohne Zähne hat natürlich große Schwierigkeiten mit der richtigen Aussprache. Er kann sich nur schwer verständlich machen.

Stimmtraining

Stimme und Aussprache lassen sich trainieren, verbessern: Sänger, Schaupieler und Redner üben unermüdlich daran. Für kleine Kinder mit Aussprachefehlern gibt es die „Logopäden", das sind Lehrer und Lehrerinnen, die ihren Schülern helfen, alles richtig und verständlich auszusprechen.

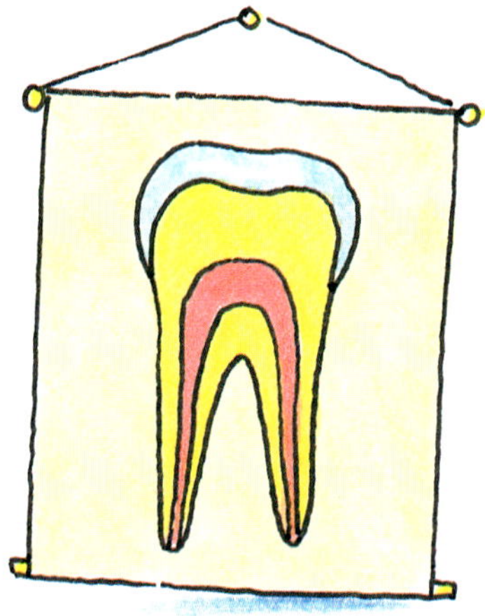

KALENDER

Aus dem Leben der Zähne

Aus einem kleinen Keim wird ein Zahn

Die Zähne begleiten uns durch unser ganzes Leben. Schon in den neun Monaten zwischen Empfängnis und Geburt, bis aus einem winzigen Ei ein lebensfähiges, schönes Baby wird, trifft der Organismus Vorsorge für unsere späteren Zähne.

In dem winzigen Ei sind nämlich schon Form, Farbe, Anzahl und Struktur unserer Zähne angelegt. Man nennt dies ein „genetisches Programm“. Im Verlauf der neun Monate bildet sich allmählich, Tag für Tag, der Körper des Babys heraus. Die Organe entwickeln sich, die Gesichtszüge zeichnen sich ab, und, unter dem Zahnfleisch versteckt, beginnen die Zähne zu keimen.

Milchzähne, bleibende Zähne

Im zweiten Lebensmonat im Mutterbauch, wenn das Baby noch Embryo genannt wird, bildet sich schon der Mund heraus. Und in diesem Mund, unter dem Zahnfleisch, entstehen winzige, zarte Knöspchen: Das sind die Keime der Zähne.

Es gibt zwei Sorten von Zahnkeimen: Aus den einen erwachsen die Milchzähne, aus den anderen später die bleibenden Zähne. Im 5. Monat vor der Geburt verhärten sich diese zuerst weichen Zahnkeime, indem sie Kalzium aufnehmen.

Versteckte Zähne

Schon bei der Geburt sind die Milchzähne da, auch wenn man sie noch nicht sieht. Sie sind unter dem Zahnfleisch versteckt und sogar schon ziemlich hart. Aber sie müssen sich noch weiterentwickeln, weiter wachsen: Ihre Wurzeln werden nach der einen Seite hin länger und auf der anderen drängen sie hin zum Zahnfleischrand.

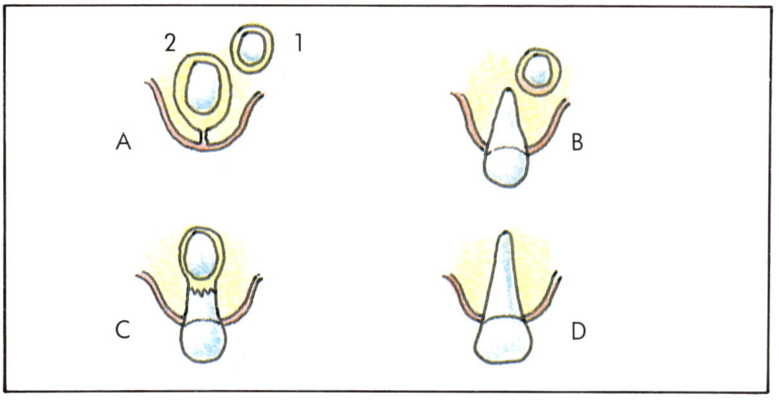

A – 1 - Keim des Milchzahns
2 - Keim des bleibenden Zahns
B – Durchbruch des Milchzahns
C – Ausfall des Milchzahns
D – Durchbruch des bleibenden Zahns

Der erste Zahn ist da

Wenn der Säugling sechs bis acht Monate alt ist, taucht der erste Milchzahn auf. Das ist ein großes Ereignis, eine Premiere! Es ist auch ein wichtiger Schritt auf dem Weg zur Selbständigkeit. Doch bis es so weit war, mußte dieses Zähnchen sich erst einmal durch das Zahnfleisch bohren. Deswegen war es so rot und geschwollen. Und weil das Zahnen manchmal sehr schmerzhaft ist, hat das Baby oft geweint, auffällig viel gesabbert und vielleicht sogar gefiebert. Heraushelfen kann man dem Zahn, wenn man dem Baby das Zahnfleisch vorsichtig mit dem Finger massiert oder ihm etwas zum Beißen gibt. In dieser Zeit beißt und knabbert es ganz besonders gern.

Schließlich wird eines schönen Tages eine kleine weiße Spitze sichtbar, wie eine Krokusknospe im Frühling: Das ist der erste Zahn. Während er weiter wächst, erscheint der nächste, und bald sieht das Lächeln des Babys ganz anders aus als früher: Jetzt hat es Zähne.

Der Zahn-Kalender

Die ersten, die durchbrechen, sind die unteren Schneidezähne, ihnen folgen die oberen Schneidezähne, dann die Eck- und Backenzähne. So besitzt man für gewöhnlich im Alter von zwei bis zweieinhalb Jahren seine zwanzig Milchzähne. Es kann aber auch vorkommen, daß einige verspätet oder verfrüht auftauchen. Das ist nicht weiter schlimm: Eines schönen Tages ist das Milchgebiß komplett!

ZÄHNE	MILCHZÄHNE		BLEIBENDE ZÄHNE
	DURCH-BRUCH	AUSFALL	
Mittlere Schneidezähne	6– 8 Mon.	6– 7 Jahre	etwa mit 7 Jahren
Seitliche Schneidezähne	8–10 Mon.	7– 8 Jahre	etwa mit 8 Jahren
Eckzähne	16–20 Mon.	10–12 Jahre	etwa mit 11 Jahren
erster Backenzahn	12–16 Mon.	9–10 Jahre	
zweiter Backenzahn	20–30 Mon.	10–12 Jahre	
vordere Backenzähne ersetzen die Backenzähne des Milchgebisses			etwa mit 10–12 Jahren
erster Mahlzahn			etwa mit 6 Jahren
zweiter Mahlzahn			etwa mit 12 Jahren
Weisheitszähne			ab 16–17 Jahre

6 Jahre: Alles ändert sich!

Zunächst einmal bekommt man vier Backenzähne hinzu: 2 oben, 2 unten. Sie werden uns das ganze Leben lang nützen: Es sind nämlich bleibende Zähne. Und dann bahnt sich noch eine große Veränderung an: Die Milchzähne fallen langsam aus, die bleibenden Zähne treten an ihre Stelle.

Ein Zahn wackelt

Der erste Milchzahn wackelt, wenn man ungefähr 6 bis 7 Jahre alt ist. Ein Abschnitt ist beendet: Endlich werden wir richtige Zähne haben, wie die Erwachsenen!

Der Milchzahn wackelt immer stärker, kann sich kaum mehr halten und fällt schließlich aus – von allein. Wer es eilig hat, hilft ein wenig nach – durch Ziehen. Das tut überhaupt nicht weh. Während dieser Zeit geschieht etwas unter dem Zahnfleisch. Man sieht es nur nicht.

Der Keim des bleibenden Zahns braucht einen freien Platz, um durchbrechen zu können. Während er sich weiterentwickelt und wächst, hilft er gleichzeitig dem Milchzahn, herauszufallen: Er schickt kleine Zellen aus, die darauf spezialisiert sind, die Milchzahnwurzel buchstäblich zu „fressen“.

Die Stunde der Zahnmaus

In Frankreich gibt es einen schönen Brauch: Sobald der Milchzahn ausgefallen ist, packt man ihn hübsch ein und legt ihn unters Kopfkissen. Dann sagt man: Die kleine Zahnmaus holt ihn und legt im Austausch ein kleines Geschenk hin. Auch manche Kinder bei uns warten auf die Zahnmaus oder die Zahnfee ... Ungefähr im 12. Lebensjahr sind alle Zähne da und nun hört der Austausch auf.

Der Zahn ist ausgewachsen

Wenn die bleibenden Zähne zum Vorschein kommen, staunen alle! Denn die haben ja schon ihre endgültige Größe – und das in einem Kindermund!

Während des Wachstums entwickelt der Körper ständig neue Zellen, die neues Gewebe bilden. Das Skelett, das unseren ganzen Körper stützt, wächst ebenfalls, doch anders als die übrigen Körperteile. Es wächt in „Schüben“, und so schießt man in die Höhe wie eine Bohnenstange! Spindeldürr und viel zu groß für's Alter.

Ähnlich ist es bei den Zähnen: Sie erreichen ihre endgültige Größe, wenn wir 8 oder 9 Jahre alt sind, während unsere Kiefer, bis wir etwa 15 bis 16 Jahre alt sind, noch in die Länge und die Höhe wachsen. Bis dahin muß man eben mit Hasenzähnen leben!

Weisheitszähne

Diese Zähne kommen recht spät, erst nach dem 18. Lebensjahr – oder überhaupt nicht. Nicht jeder hat Weisheitszähne. Man braucht sie auch nicht mehr so dringend wie in früheren Zeiten, als die ersten Menschen noch rohes, hartes Fleisch aßen. Mit der Zeit werden sie ohnehin verschwinden. Die Weisheitszähne sind Nachzügler, und da die anderen Zähne alle ihren Platz behaupten, finden sie oft gar keinen Platz mehr im Kiefer. Ihr Drängeln tut dann weh. Und wenn sie durchstoßen und gar noch die anderen Zähne behindern, sollte man sie lieber ziehen lassen.

Jeder an seinem Platz

Alle unsere Zähne haben einen festen Platz im Kiefer: Sie stehen, einer neben dem anderen, in einer Reihe, jeder in seinem kleinen Zahnfach, einer Höhlung im Kieferknochen.

Wie eine Blume!

Der weiße Teil, der aus dem Zahnfleisch hervorschaut, ähnelt einer Blütenkrone und heißt deshalb *Zahnkrone*. Darunter, in den Kiefer eingepflanzt und vom Zahnfleisch verdeckt, sitzt die *Zahnwurzel*. Sie ist ungefähr doppelt so lang wie der Zahn selbst.

Nicht alle Zähne haben die gleiche Anzahl Wurzeln: die Schneide- und Eckzähne haben nur eine, die unteren Backenzähne zwei, die oberen Backenzähne sogar drei. Der Übergang zwischen Wurzel und Zahnkrone heißt Zahnhals.

Ein gut gepolsterter Zahn

Unser ganzer Körper beteht aus hartem oder weichem Gewebe. Unsere Zähne ebenfalls: Sie haben etliche übereinandergelagerte Hüllen oder Gewebeschichten, die ganz unterschiedlich sind: außen sehr hart, innen weicher.

Wenn man alle Hüllen eines Zahnes einzeln ablösen könnte, bekäme man folgendes Bild:

Querschnitt eines Backenzahns

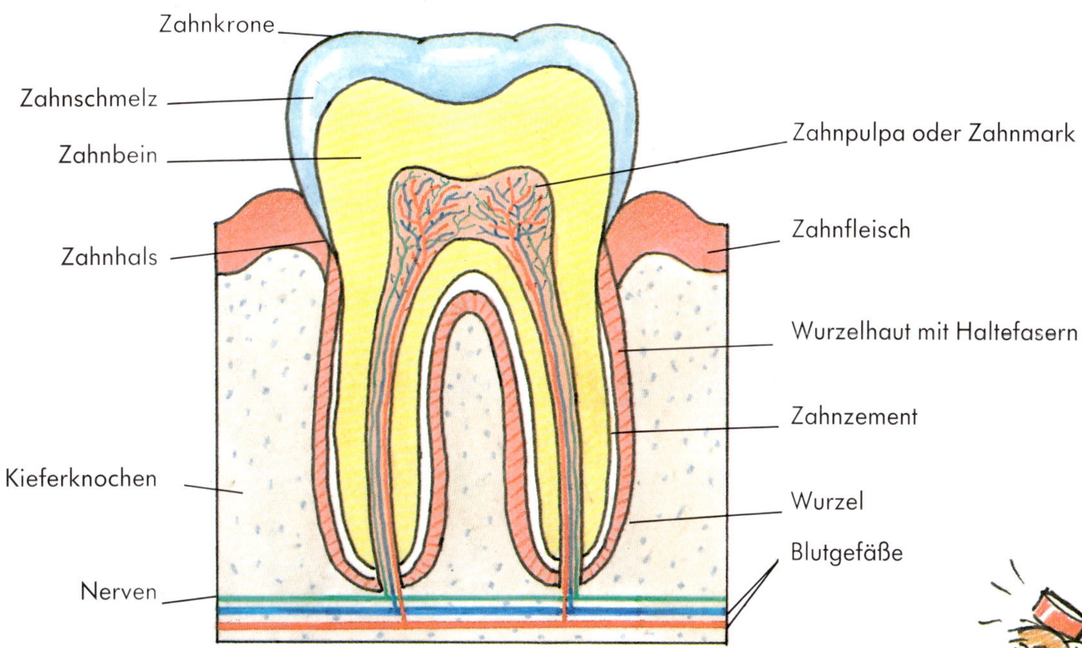

Der Zahnschmelz

Um alle ihre Aufgaben zu erfüllen, müssen unsere Zähne sehr hart sein. Deshalb haben sie eine äußere harte Schicht rings um die Zahnkrone, die Zahnschmelz heißt. Am Zahnhals ist diese Schicht sehr dünn, doch weiter oben am Zahn ist sie schon dicker. Zahnschmelz ist sehr hart, härter als ein Knochen. Er ist das härteste Material unseres Körpers. Und da er durchsichtig ist, schimmert die Farbe der darunter liegenden Gewebeschicht durch: Diese Schicht ist das Dentin, auch Zahnbein genannt.

Das Zahnbein oder Dentin

Auch Zahnbein ist sehr hart, doch weicher als Zahnschmelz. Es ist hellgelb, kann aber auch blaßrosa oder graublau schimmern. Das Zahnbein gibt unseren Zähnen ihre Farbe. Es ist von feinsten Kanälen durchzogen, die mit bloßem Auge nicht zu erkennen sind. Diese Kanälchen stellen die Verbindung her zum darunter liegenden Gewebe: dem Zahnmark, auch Pulpa genannt.

Das Zahnmark oder Pulpa

Gut versteckt in der Mitte des Zahnes liegt eine Höhle, die Zahnmarkhöhle. Sie ist ausgefüllt mit einem sehr weichen, sehr zarten, überaus empfindlichen Gewebe: dem Zahnmark. Dieses Zahnmark ist durchzogen von kleinen Blutgefäßen und Nerven. Dadurch ist es so empfindlich. Es setzt sich in Kanälen bis an die Wurzelspitzen fort und verbindet so den Zahn mit dem übrigen Körper.

Der Zahnzement

Die Zahnwurzeln sind unter dem Zahnfleisch mit einem ganz besonderen, äußerst feinen Gewebe überzogen. Es ist knochenähnlich und heißt Zahnzement. Von diesem Zahnzement gehen all die kleinen Fasern aus, die unsere Zähne im Kiefer fest verankern, so daß sie nicht ausfallen können.

Die Bißstellungen

Okklusion ist der wissenschaftliche Name für die Bißstellung unserer Zähne bei geschlossenem Mund. Diese Bißstellung ändert sich mit dem Alter.

Vor dem zweiten Lebensjahr

Sieht man sich einen Säugling einmal ganz genau an, so fällt einem auf, daß sein Kinn immer etwas zurückgesetzt, wie eingekniffen wirkt. Das kommt daher, daß sein Oberkiefer schon größer ist als der Unterkiefer.

Wenn das Kind noch so klein ist, berühren sich, sobald es den Mund schließt, die beiden Kiefer nicht.

Nach dem zweiten Lebensjahr

Die Milchzähnchen wachsen einander entgegen und treffen aufeinander. Sie berühren sich aber nur mit der Spitze.

Wenn man erwachsen wird

Sobald die Milchzähnchen ausgefallen und die bleibenden Zähne da sind, haben die Zähne nicht mehr die gleichen Berührungspunkte. Die oberen beißen leicht über die unteren, aber nur die Schneidezähne. Die Backenzähne passen so gut aufeinander, daß die Furchen der einen den Höckern der anderen genau entsprechen. Diese Berührungspunkte zwischen den Zähnen sind sehr wichtig: Sie sorgen für richtiges Kauen und eine gerechte Arbeitsverteilung unter den Zähnen.

Bißstellungen der Zähne

	Normale Zahnstellung, normaler Überbiß
	Deckbiß: Die oberen Schneidezähne beißen über die unteren
	Frontal offener Biß: Die Schneidezähne berühren sich nicht (oft ist Daumenlutschen die Ursache dafür)
	Vorbiß: Der untere Schneidezahn beißt vor den Oberkieferzahn

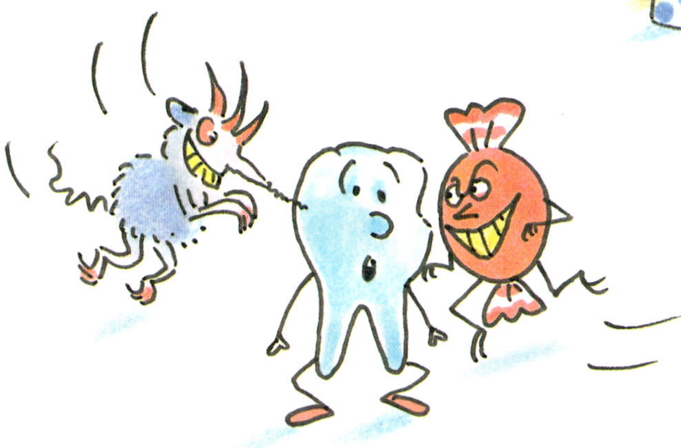

Zähne
für ein ganzes Leben

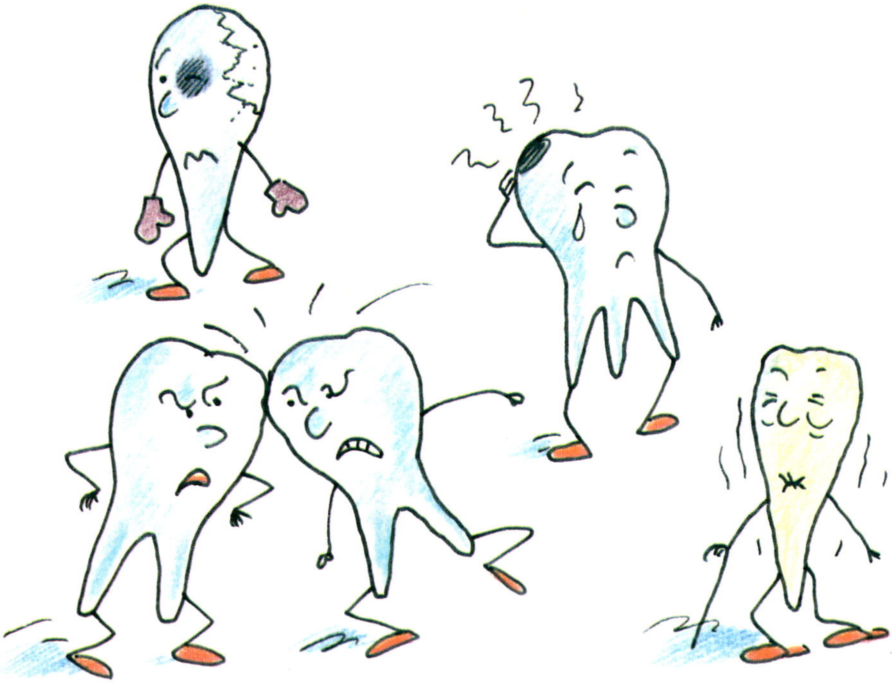

So ein Zahn hat's manchmal schwer

Abbeißen, reißen, zerkauen – was für eine Arbeit für die Zähne, jeden Tag mehrere Male und das unser ganzes Leben lang. Sie sind die unentbehrlichen Helfer bei unserer Ernährung. Aber ganz gleich, ob es unsere Milchzähne oder unsere bleibenden Zähne sind: Krankheiten, wie Karies oder Unfälle, wie Brüche, können ihnen zustoßen. Schon während sie wachsen, passen manchmal nicht alle Zähne nebeneinander in den Kiefer.

Karies

Die Welt der Bakterien

Unser Mund ist eine warme, feuchte, so richtig mollige Höhle für Bakterien, die dort immer Nahrung finden.

Bakterien sind winzige, mit bloßem Auge nicht zu erkennende Kleinstlebewesen. Wir sind überall von ihnen umgeben: Sie sind im Wasser, in der Luft und sogar in unserem Körper. Sie haben einen sehr schlechten Ruf, weil sie Krankheiten übertragen können. Dabei gibt es unter ihnen einige, die Freunde genannt werden müßten, weil sie unentbehrliche Helfer des Menschen sind: Sie verwandeln nämlich die aufgenommene Nahrung so, daß sie verdaut werden kann.

Zahnbelag

Alles, was wir essen, hinterläßt auf unseren Zähnen einen Überzug aus winzigen Speiseresten. Diesen Überzug nennt man Zahnbelag. Er ist so dünn, daß man ihn mit bloßem Auge nicht erkennen kann. In der Apotheke gibt es ein Mittel zu kaufen, mit dem man den Belag auf den Zähnen in grellen Farben (grün, blau, rot) sichtbar machen kann. Anschließend muß man die Zähne gründlichst mit Zahnpasta bürsten, bis die Farbe abgerubbelt ist – mitsamt dem Belag! Und dann sieht man, daß er sich vor allem in den Zahnrillen und am Zahnhals festsetzt, genau am Zahnfleischrand. Das ist ein gefundenes Fressen für die Bakterien.

Achtung: Karies!

Wenn man sich die Zähne nicht putzt, sind sie nach 18 bis 24 Stunden von Bakterien überzogen.

Die Bakterien haben eine Vorliebe für Zucker. Wer viel Süßigkeiten ißt, bereitet ihnen einen wahren Festschmaus, handelt sich selbst aber nur Probleme ein: Die Bakterien verwandeln den Zucker in eine gefährliche Säure, die den Zahnschmelz angreift, ihn aushöhlt und schließlich durchbohrt. Dieses kleine Loch im Zahn nennt man Karries.

Am Anfang spürt man es noch nicht: Der Zahn reagiert nur manchmal etwas empfindlich auf besonders süße Speisen: Schokolade, Schokoriegel, Gummibärchen, Bonbons ....

Au! Heiß und kalt

Hat der Säureangriff aber die harte Schmelzschicht aufgeweicht, wird das Loch immer größer und tiefer: das Zahnbein ist befallen! Jetzt beginnen die Schmerzen, vor allem, wenn man Süßes ißt oder Kaltes trinkt.

Da hilft nur noch der Gang zum Zahnarzt: Er entfernt alle beschädigten Stellen des Zahns und stopft das Loch mit einer sehr harten Masse wieder zu. Er macht eine Füllung aus einer Metallmischung (Amalgam) oder Kunststoff, der die gleiche Farbe hat wie die Zähne.

Au, Aua! Rasende Zahnschmerzen!

Wenn man sich nicht rechtzeitig behandeln läßt, wird das Loch immer tiefer und erreicht das Zahnmark. Au-au-au! Das Zahnmark ist sehr empfindlich, weil es von lauter kleinen Nervensträngen durchzogen ist. Deswegen tut's so weh! Diese rasenden Zahnschmerzen beweisen, daß im Inneren des Zahns ein wütender Kampf entbrannt ist zwischen den Bakterien und den Markzellen. Diesmal sitzt das Übel tiefer: Der Zahnarzt holt das ganze Zahnmark heraus, reinigt die Pulpahöhle und die Kanäle und verstopft sie mit einer Spezialmasse, die keine Bakterien mehr durchläßt. Sonst könnten sie sich auch noch in unserem ganzen Körper ausbreiten.

Ein Zahn stirbt

Wer nach rasenden Zahnschmerzen nichts unternimmt, vielleicht aus Angst, oder weil der Schmerz nachläßt, vergißt, daß der Kampf im Inneren ja weitergeht. Wenn man den Schmerz nicht mehr fühlt, sind alle kleinen Nerven des Zahnmarks bereits abgestorben. Doch das Zerstörungswerk der Bakterien geht weiter. Alle toten Zellen des Zahnmarks zersetzen sich und bilden Eiter.

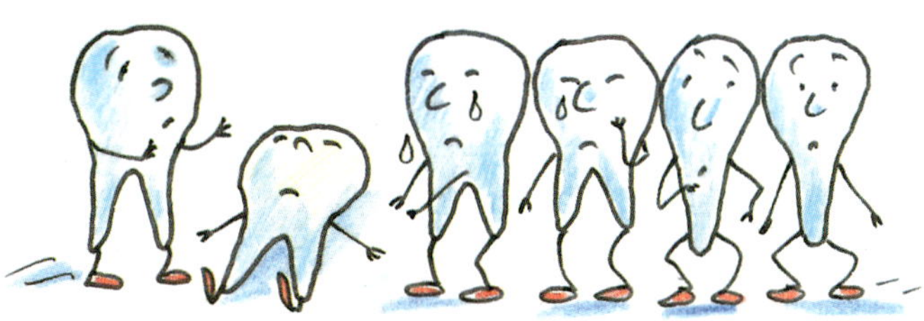

Ein Abszeß

Wenn das Loch im Zahn durch Speisereste verstopft ist und der Eiter nicht mehr abfließen kann, sucht er sich einen Weg durch die Wurzelspitze und später durch Knochen und Zahnfleisch. Das Zahnfleisch schwillt an, wird rot, zeigt manchmal ein weißes Pünktchen in der Mitte, und auch die Backe kann anschwellen. Es hat sich ein Abszeß gebildet und der tut sehr weh. Jetzt muß man schleunigst zum Zahnarzt, denn die Entzündung könnte auf den Knochen, wenn nicht gar auf den ganzen Körper übergreifen.

Verschiedene Formen von Karies

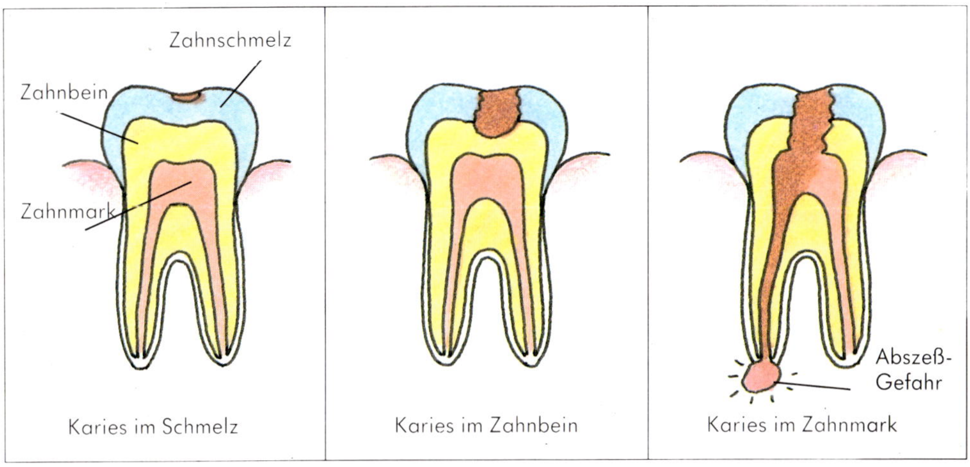

Auch Milchzähne müssen gepflegt werden

Vorsicht bei Löchlein an den Milchzähnen. Man darf sie nicht leichtfertig übergehen, ganz im Gegenteil müssen sie unverzüglich behandelt werden: Denn sie können eine Infektion auslösen und den Keim der darunterliegenden bleibenden Zähne schädigen.

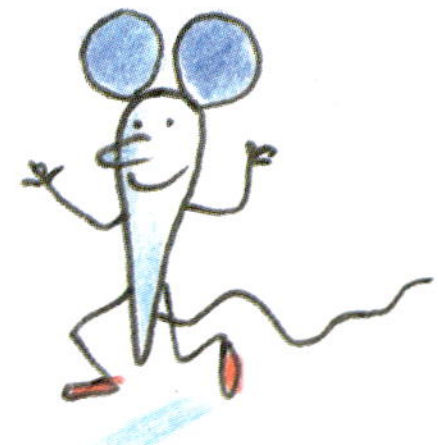

Zahnstein

Vor allem bei Erwachsenen kommt es vor, daß der Zahnbelag sich verhärtet und eine steinharte Schicht über dem Zahn bildet, den man Zahnstein nennt. Er kann das Zahnfleisch reizen: Es wird rot, schwillt leicht an und blutet bei jeder Berühung. Der Zahnarzt muß diese harte Schicht mit Spezialinstrumenten entfernen, denn sie muß herunter. Danach wird auch das Zahnfleisch wieder gesund.

Wenn es im Mund brennt

Man nennt sie auch Aphten, diese kleinen roten Flecken im Mund, die plötzlich an der Innenseite der Wangen auftauchen. Allmählich verfärben sie sich weiß und sehen aus wie abgestorbene Haut. Diese Flecken sind wie kleine Wunden, die leicht brennen, vor allem, wenn man scharfen Käse, Nüsse oder Essigsaucen ißt.

Man weiß noch nicht recht, wie sie entstehen. Nach einiger Zeit verschwinden sie auch wieder. Um die Schmerzen etwas zu lindern, kann man Mundspülungen machen und sie mit einer Tinktur oder Salbe bestreichen. Ob mit oder ohne Behandlung, Aphten heilen nur sehr langsam.

Zähne schön in Reih und Glied

Die Stellung der Zähne auf den beiden Kiefern ist von großer Bedeutung: Je regelmäßiger die Reihe, desto besser kann man kauen, und desto wirksamer unterstützen die Zähne die Zunge bei der Aussprache. Aber es kann vorkommen, daß sie in eine falsche Stellung hineinwachsen.

Daumen raus!

Im allgemeinen wachsen die Milchzähne wie es sich gehört: schön gerade. Doch wer oft und stark am Daumen lutscht, drückt dadurch die oberen Schneidezähne nach vorne und verformt, wenn er Pech hat, durch den ständigen Daumendruck sogar seinen Kiefer.

Es gibt nur eins: Man muß versuchen, das Daumenlutschen zu lassen! Und wenn's gar nicht anders geht, sollte man es auf die letzten fünf Minuten des Tages beschränken: gerade nur zum Einschlafen.

Auch Zähne halten Überraschungen bereit

Die endgültigen Zähne sind da. Was für eine Überraschung! Für jeden von uns ist das eine ganz besondere, persönliche Sache. Ihre Stellung, ihre Farbe, ihre Form können ganz anders sein als bei anderen Menschen. Manchmal sind die Zähne zu groß oder der Kiefer ist zu klein: dann werden sie sich gegenseitig behindern oder schief wachsen.

Passen Ober- und Unterkiefer nicht genau zueinander, gibt es Probleme: Ein nach vorn verlagerter Unterkiefer macht ein spitzes, nach oben gekrümmtes Kinn, eine Rücklage des Unterkiefers ein fliehendes Kinn.

In beiden Fällen ist der Zwischenraum zwischen den oberen und den unteren Schneidezähnen nicht so, wie er sein sollte. Bei fehlerhafter Zahnstellung kann man schlecht kauen, von Sprachproblemen ganz zu schweigen. Auch Zahnbelag ist schwerer zu entfernen, wenn Zähne zu eng oder fehlerhaft stehen. Dabei könnte uns schon die Lust am Lächeln vergehen, und das wäre doch sehr schade.

Der Kieferorthopäde: Der Gärtner unserer Zähne

Zum Glück kann man solche Probleme recht leicht beheben. Man geht zum Zahnarzt oder zum Kieferorthopäden und läßt die

Zähne regulieren. Sie machen es ähnlich wie ein Gärtner. Für jeden Zahn bereiten sie einen Platz vor, so daß kein Zahn beim Wachsen den anderen behindert. Manchmal müssen dafür leider ein oder zwei Zähne gezogen werden. Damit sie schön gerade wachsen, gibt man den Zähnen eine Stütze, wie ein Gärtner den jungen Bäumen. Daran sollen sie sich festhalten und emporwachsen. Auch das Kieferwachstum kann dadurch beeinflußt werden.

Diese komischen Apparaturen

Es gibt zwei Arten von Apparaturen zur Zahnregulierung: herausnehmbare und festsitzende.

Die herausnehmbaren sind unkompliziert, man kann sie selbst entfernen. Hergestellt werden sie anhand eines Abdrucks unserer Zähne. Sie bestehen immer aus Kunststoff (einem rosaroten oder durchsichtigen Harz), an denen Klammern, Metallfedern oder Schrauben festgemacht sind, die Druck auf die Zähne ausüben.

Mit den herausnehmbaren Apparaturen kann man die Zähne nur wenig bewegen. Deswegen werden häufig festsitzende Apparaturen mit eingesetzten Bändern bevorzugt. Diese Bänder werden genau angepaßt und einzementiert. Sie sind sehr wirkungsvoll und erzielen schon nach wenigen Wochen erstaunliche Ergebnisse.

Ein Regulierapparat tut nicht weh; er ist nur, vor allem in der ersten Zeit, etwas hinderlich beim Sprechen und Essen, weil er Platz im Mund beansprucht. Doch je früher man sich dazu entschließt, desto besser ist es: Dann braucht man ihn nämlich nicht so lange zu tragen. Und was für eine Freude, wenn man dann wieder übers ganze Gesicht lachen kann.

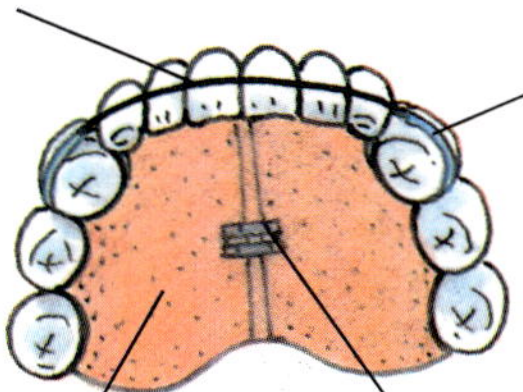

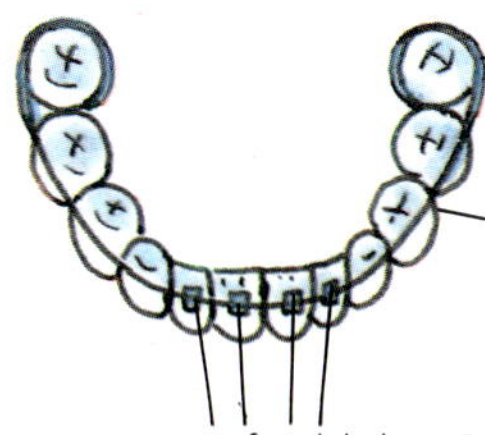

Auch Zähne haben ihre Mucken

Da kommt plötzlich einer mit einer merkwürdigen Form: er hat einen Höcker auf der Krone! Ein anderer, ein Backenzahn, hat eine Wurzel zuviel.

Auch die bleibenden Schneidezähne können eine gekerbte Kante haben. Doch das ist nicht schlimm: Sobald sie arbeiten müssen, wird sie langsam abgewetzt.

Und da fehlt doch glatt ein Zahn! Aber das macht nichts, wir können auch ohne ihn auskommen. Wenn der bleibende Zahn unter dem Milchzahn nicht angelegt ist, braucht dieser auch nicht zu weichen. Wir können 25, 30 oder gar 40 Jahre alt werden, bis dieser Milchzahn ausfällt!

Aber das ist ja einer zu viel! Auch das kann vorkommen, nur ist er häufig unerwünscht, weil er sich vordrängt und den anderen den Platz streitig macht. Daher wird er oft gezogen.

Wenn der Zahnschmelz weißliche Flecken hat, ist das ein Signal: Er enthält nicht genügend Mineralstoffe. In solch einem Fall kann der Zahn etwas abgenagt aussehen.

Was so alles passieren kann

Unfälle

Es kann passieren, daß man beim Fallen oder beim Raufen einen Stoß gegen den Mund bekommt. Das sieht oft schlimm aus und kann auch sehr weh tun: Lippe und Zahnfleisch bluten stark, die Lippe ist geschwollen, manchmal ist auch ein Zahn kaputt: Er ist gebrochen, ins Zahnfleisch gerutscht oder sogar ausgefallen. Was nun? Zuerst die Tränen trocknen und die Nerven behalten, denn meist ist es nicht schlimm.

Unfälle mit Milchzähnen

Der Zahn schmerzt bei jeder Berührung und wackelt ein wenig: Er kann nach ein paar Tagen von selbst wieder fest werden. Sollte er jedoch dunkel werden oder sich ein Abszeß bilden, muß man zur Behandlung zum Zahnarzt.

Der Zahn ist ins Zahnfleisch gerutscht: Häufig wächst er zum zweiten Mal aus dem Kiefer. Manchmal wird durch den Unfall der darunterliegende bleibende Zahn beschädigt. Man muß warten, bis der bleibende Zahn durchbricht. Manchmal ist es auch ratsam, den Milchzahn zu ziehen.

Der Zahn ist gebrochen: Wenn nur etwas Zahnschmelz abgesplittert ist, sollte man's nicht so ernst nehmen. Bei einem richtigen Bruch allerdings muß der freiliegende und möglicherweise stark schmerzende Zahnnerv herausgezogen werden.

Der Zahn ist ausgefallen: Dann müssen wir eben auf den bleibenden Zahn warten.

Unfälle mit bleibenden Zähnen

Der Zahn wackelt leicht oder gar sehr stark, reagiert empfindlich auf Wärme oder Kälte: Das Zahnmark ist nicht betroffen, denn sonst würde er rasend schmerzen. Abwarten und nach ein paar Wochen prüfen, ob der Zahn immer noch lebt. Wenn das Zahnmark betroffen ist, hat man unsagbare Schmerzen: Dann wird der Zahnarzt den Zahn betäuben und den Nerv entfernen.

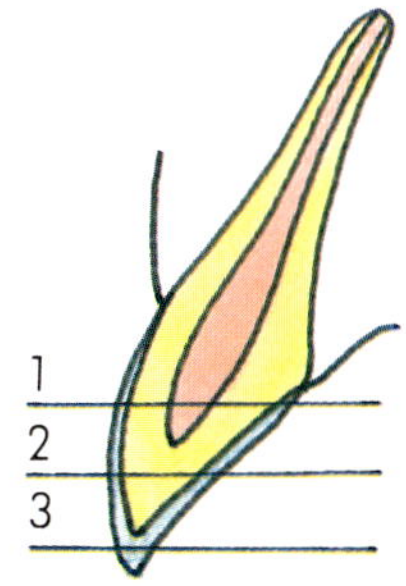

Bruch eines Zahns in Höhe vom
1 Zahnmark
2 Zahnbein
3 Zahnschmelz

Schöne Zähne wie zuvor

Eine herausgebrochene Ecke an einem Schneidezahn läßt sich „wiederaufbauen“: Dafür gibt es Kunststoffmaterialien, die in Aussehen und Farbe unseren Zähnen ähneln. Diese Masse wird an die Bruchstelle angeklebt und vom Zahnarzt so geformt, daß der Zahn wieder aussieht wie früher. Ist der Zahn jedoch so stark beschädigt, daß er sich auf diese Art nicht mehr reparieren läßt, dann bekommt er eine „Krone“, die in Form und Farbe zu den Zähnen paßt.

Der Zahn wird wieder eingepflanzt

Manchmal fällt ein Zahn durch einen Stoß heraus. Dann muß man ihn ganz schnell wieder einsammeln und unter die Zunge legen oder in die Backe schieben (aber nicht verschlucken). Dort ist er – in seiner gewohnten Umgebung – am besten geschützt. Nun nichts wie hin zum Zahnarzt. Wenn das Zahnfleisch nicht beschädigt und die Wunde sauber ist, kann er den Zahn nämlich wieder in seine Höhle einsetzten.

Das Anti-Karies-Programm

Karies ist die in der Welt am weitesten verbreitete Krankheit: Neun von zehn Menschen haben oder hatten schon einmal Löcher in den Zähnen!

Zum Glück kann man Karies mittlerweile wirksam behandeln: Der Zahnarzt stellt, noch bevor die Schmerzen beginnen, fest, wo Karies vorhanden ist. Und er kann sofort Heilmaßnahmen einleiten, was einem viel Unannehmlichkeiten erspart. Zwei Mal im Jahr sollte man seine Zähne kontrollieren lassen.

Vorbeugen ist besser als Heilen

Der Zahnarzt, der unseren Zähnen ja freundlich gesonnen ist, weiß sehr gut, wie man sie schützen kann. Er gibt uns auch Ratschläge für die tägliche Mundpflege, die man auch Mundhygiene nennt. Wenn wir Beschwerden im Mund haben, stimmt häufig etwas mit den Zähnen nicht.

Die Grundsätze der Vorsorge

Um Karies gar nicht erst entstehen zu lassen, gibt es zwei ganz wichtige Maßnahmen:

– den Zahnbelag beseitigen, indem man die Zähne gründlich reinigt und so die Bakterien vertreibt;

– auf gesunde Ernährung achten, um die Zähne zu kräftigen.

Weg mit Karies!

Dazu braucht man eine gute Zahnbürste, Zahnpasta, Zahnseide und – möglicherweise – eine Mundduschе.

Die Wahl der Zahnbürste

Man wähle weiche oder mittelharte Kunststoffbürsten (zu harte Borsten können das Zahnfleisch verletzen). Die Zahnbürste ist persönlicher Besitz! Wer sie von anderen ausborgt, handelt sich auch deren Bakterien ein! Also: Jedem seine eigene Zahnbürste! Nach ungefähr 1 bis 2 Monaten sind die Borsten abgenutzt, und auch wenn sie schon struppig wegstehen, muß eine neue Bürste her. Allzu groß sollte sie nicht sein, damit sie im Mund überall hinkommt.

Die Wahl der Zahnpasta

Die beste Zahnpasta kann nicht das gründliche und richtige Putzen ersetzen. Manche Zahnpasten sind viel zu scharf und greifen den gesunden Zahnschmelz an. Zahnpasten mit Fruchtgeschmack enthalten oft Zucker, der den Zähnen auch schadet. Besser ist es, eine herbere und wenig schäumende Zahnpasta zu verwenden, auch wenn man sich an den Geschmack erst gewöhnen muß.

Die Kunst des Zähneputzens

Wann? Nach jeder Mahlzeit. Wenn man nicht zu Hause ist, kann man seine Zahnbürste in einem sauberen Behälter mitnehmen.

Wie? Beim Putzen stellt man die Schneidezähne aufeinander und beginnt an der Außenseite des letzten Backenzahns rechts. Mit kleinen kreisenden Bewegungen wird kräftig bis nach vorn zur Mitte gebürstet, immer vom rosa Zahnfleisch zu den Zähnen hin, sonst könnte man das Zahnfleisch lockern und den Bakterien Einlaß verschaffen. Nun dasselbe auf der linken Seite. Danach kommen bei offenem Mund die Innenseiten der Zähne an die Reihe, oben und unten. Zum Schluß putzt man obendrauf die Kauflächen. Sehr wichtig ist, daß dieselben Stellen mehrmals hintereinander gebürstet werden, denn der Zahnbelag ist hartnäckig: er klebt häufig auf dem Zahnschmelz.

Wie lange? Drei Minuten sollte man rechnen, wie für das Frühstücksei. Eine Eieruhr im Badezimmer ist deshalb praktisch.

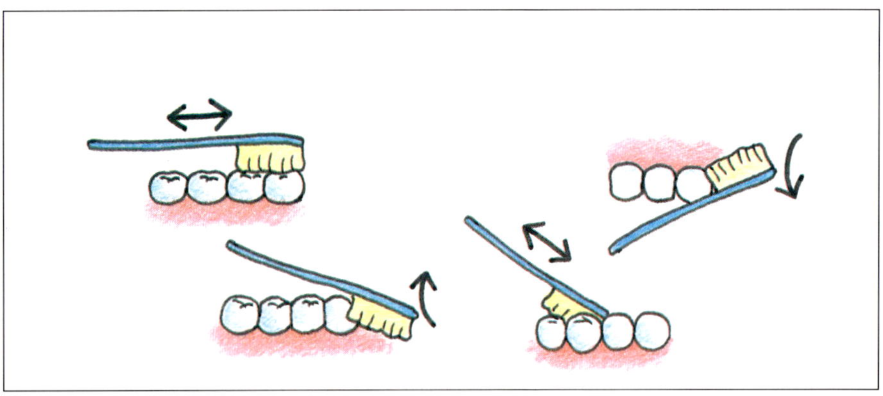

Ein Faden zwischen den Zähnen

Mit der Zahnbürste kommt man nur schwer zwischen die Zähne. Dafür gibt es *Zahnseide.* Man zieht diesen Faden zwischen den Zähnen durch und holt damit Speisereste hervor, die sich dorthin verdrückt haben.

Es gibt auch die elektrische *Munddusche,* die unter Druck einen Wasserstrahl zwischen die Zähne jagt, der auch die letzten Krümelchen herausspült. Gleichzeitig wird das Zahnfleisch massiert und gefestigt.

Nach solch einer gründlichen Reinigungsprozedur darf man zu Recht befriedigt sein: die Karies-Gefahr ist gebannt, man hat einen sauberen Mund und reinen Atem!

Die erste Zahnbürste

Wichtiges sollte man sich früh angewöhnen. So muß man auch lernen, sich von Anfang an um seine Zähne zu kümmern, also mit etwa zwei Jahren. Man wähle eine kleine Bürste, die in einen kleinen Mund paßt und Borsten hat, die weich genug sind für das zarte Zahnfleisch.

Gesunde Ernährung, gesunde Zähne

Genau wie der ganze Körper, müssen auch unsere Zähne richtig ernährt werden, um gesund und widerstandsfähig zu bleiben. Die Ernährung muß ausgewogen sein: Eiweiß (Fisch, Fleisch, Eier), Kohlehydrate (Mehl, Brot), Vitamine (Gemüse, Obst) und Kalzium (Milchprodukte, Käse).

Zucker ist ein Feind der Zähne

Als Zucker noch eine Seltenheit war, gab es auch selten Karies: Es ist nämlich die Umwandlung des Zuckers durch die Bakterien, die Karies verursacht. Man sollte deshalb nicht allzu viel Süßes essen, also weniger Bonbons, weniger Kaugummi, aber auch weniger süße Obstsäfte und Limonade.

Süßes am Abend ist gefährlich!

Wenn wir schlafen, bildet sich nicht so viel Speichel wie bei Tag, und Speichel schützt ja die Zähne. Daher sollte man auf Süßes am Abend lieber verzichten und sich vor dem Schlafengehen regelmäßig die Zähne putzen.

Und wenn man nachts vor Durst aufwacht, ist ein Glas Wasser oder Milch auf jeden Fall besser als irgendein süßes Getränk: Eine dumme Angewohnheit, die oft schon im Fläschchenalter beginnt.

Süße Belohnung verboten!

Laßt euch von den Erwachsenen keine Bonbons oder Schokolade zur Belohnung anbieten! Nehmt lieber ein Glas Milch oder Obst an – und wenn sie nicht wissen warum, dann müßt ihr es ihnen erklären.

Zum Thema Fluor

Man hat festgestellt, daß in gewissen Gegenden die Menschen viel weniger Karies haben als anderswo. Als man der Ursache nachging, entdeckte man dort im Wasser Fluoride. Das sind Mineralsalze, die den Zahnschmelz wirksam härten können. Wenn er sehr hart ist, bildet er für den Zahn einen richtigen Schutzmantel gegen Karies. Fluoride kommen in manchen Mineralwassern und Lebensmitteln vor. Es gibt Fluoride auch als Tabletten oder als Gel, das man einmal in der Woche in die Zähne einbürstet. Man sollte es erst benutzen, wenn man gut ausspülen kann, damit man es nicht runterschluckt. Zuviel Fluoride können nämlich auch schaden.

10 Regeln für gesunde Zähne

Die richtige Zahnbürste wählen
und sie nie ausleihen.

Bei verbogenen Borsten
die Bürste wechseln.

Drei Minuten lang kräftig bürsten.

Nach jedem Essen Zähne putzen.

Immer von rosa nach weiß bürsten.

Alle Seiten müssen drankommen.

Süßes im Mund so selten wie möglich.

Viel beißen und kauen,
um die Zähne zu trainieren.

Fluoride härten die Zähne.

Zähne nicht als Nußknacker benutzen.

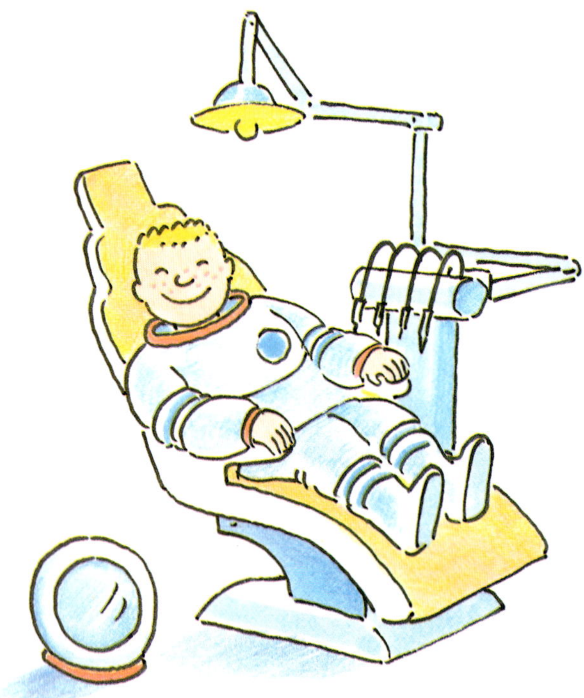

Besuch beim Zahnarzt

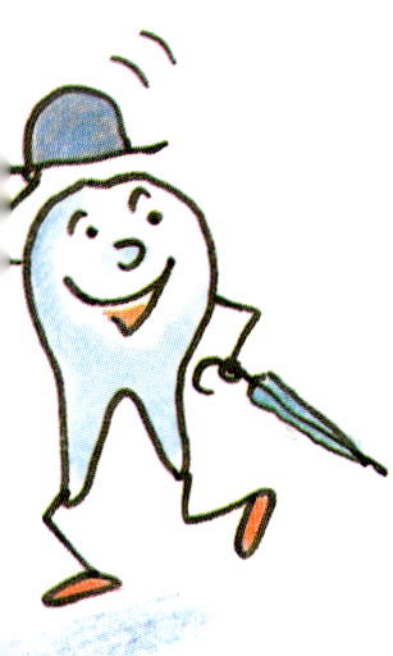

Trotz all unserer Pflege hat sich Karies eingeschlichen! Nun geht es uns schlecht, denn wir haben Schmerzen. Die gute Laune ist dahin, und es verschlägt uns vielleicht sogar den Appetit. Und zu allem Überfluß kommt auch noch Angst hinzu, denn man kann nicht mehr ausweichen: Man muß zum Zahnarzt! Zum Glück kann man ihm vertrauen. Er weiß sehr wohl, daß er nicht nur mit unseren Zähnen, sondern auch mit unserer Angst behutsam umgehen muß. Daher soll man unbesorgt mit ihm reden, ihm Fragen stellen und ihm sagen, was einen beunruhigt.

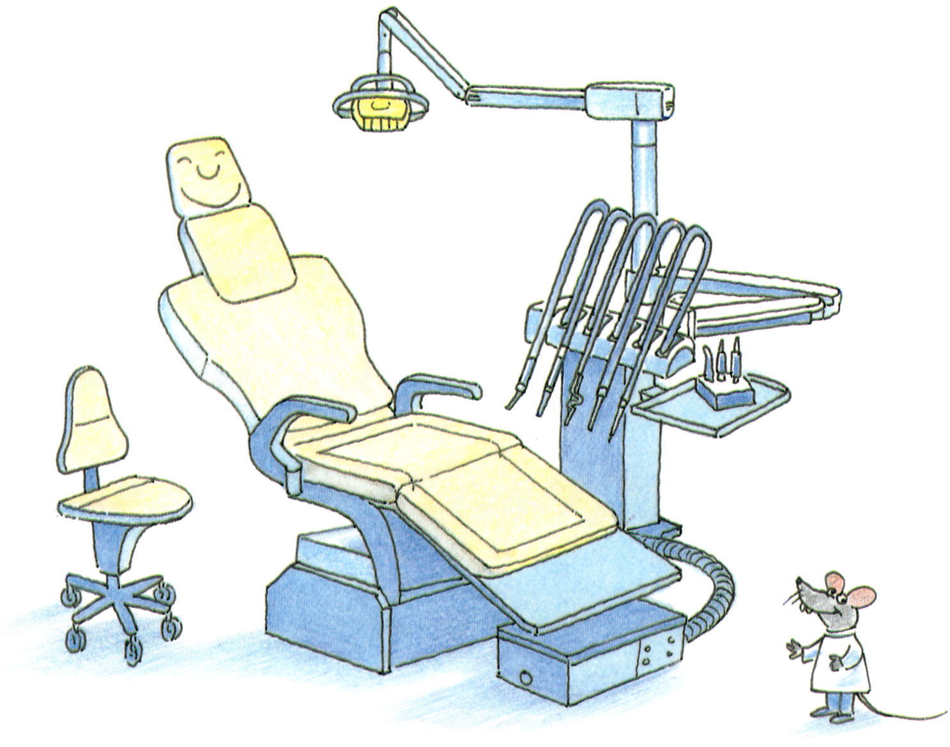

Die Zahnarztpraxis

Der erste Besuch einer Zahnarztpraxis ist immer voller Überraschungen. Man kommt sich vor wie in der Kapsel einer Raumfähre: Alles ist blitzblank, sehr hell, geheimnisvolle Apparate und Geräte, Tabletts und Schubladen gibt es da zu sehen. Ein merkwürdiger Geruch hängt in der Luft: Er erinnert an Gewürznelken, deren Öl auch schon im Altertum zum Desinfizieren benutzt wurde.

Ein seltsamer Sessel

Man kann ihn rauf- und runterfahren und hin- und herbewegen. Die Rückenlehne kann man kippen, so daß man im Behandlungsstuhl mal sitzt und mal liegt.

Ein kleines hartes Kissen oben dient als Kopfstütze. Eine über dem Stuhl hängende Lampe mit sehr starken Birnen leuchtet unsere ganze Mundhöhle fast wie ein Scheinwerfer aus. Neben dem Stuhl sind an einem Pult lauter merkwürdige kleine Geräte befestigt:

Die Luft- und Wasserspritze

Mit ihr werden keine Spritzen gegeben, sondern unter Druck Luft oder Wasser versprüht. Es gibt zwei Knöpfe: einen für das Wasser, das Mund und Zähne sauberspült, und einen für die Luft, die den Zahn trocknet.

Der Bohrer

Eine winzige Spitze ist dazu da, den Zahn auszuhöhlen und die von Karies befallenen Stellen zu entfernen. Der Bohrer steckt entweder in der Turbine oder in einem sogenannten Winkelstück, das über eine kleine Bohrmaschine, den Mikromotor, angetrieben wird.

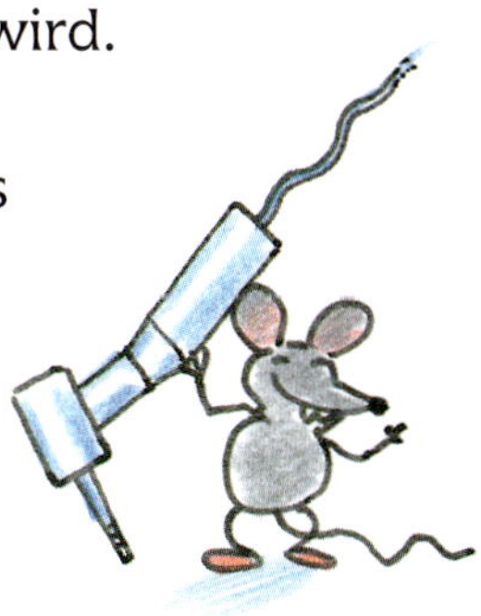

In der Turbine läuft er rasend schnell: 220 000 bis 300 000 Umdrehungen in der Minute. Damit erweitert der Zahnarzt das Loch im harten Zahnschmelz. Und während diese Fräse sich dreht, besprüht ein kleiner Wasserstrahl den Zahn, um ihn abzukühlen. Denn wenn er heiß würde, täte das sehr weh.

Auf dem Winkelstück dreht der Bohrer sich nicht so schnell: nur 20 000 bis 40 000 Umdrehungen pro Minute. So wird das weniger harte Zahnbein vom Zahnarzt gereinigt.

Der Zahnsteinentferner

Dieses kleine Metallhäkchen entfernt den harten Zahnstein. Es ist überaus fein und macht ein sirrendes Geräusch, da es mit Ultraschall arbeitet. Dabei besprüht es gleichzeitig die Zähne wie eine Dusche. Für Kinder benützt der Zahnarzt es selten, denn sie haben fast nie Zahnstein.

Der Sauger

Meist ist es ein dünnes, wie zu einer Schnecke aufgerolltes Röhrchen, das wie ein Staubsauger funktioniert: Es saugt Speichel und Wasser ab, damit wir während der Behandlung nicht schlucken oder ausspucken müssen.

Gleich zu Beginn der Behandlung hängt der Zahnarzt den Sauger über die unteren Zähne.

Die Untersuchung

Nun ist es soweit: Wir haben auf dem Behandlungsstuhl Platz genommen. Der Zahnarzt bittet uns, den Mund weit aufzumachen, damit er die Zähne untersuchen kann. Mit Hilfe eines kleinen Spiegels an einem Stab betrachtet er jeden einzelnen Zahn von allen Seiten und schaut gleichzeitig in alle Ecken und Winkel des Mundes.

Mit der Sonde, einem Instrument mit gekrümmter Spitze, die an jeder rauhen Stelle eines Zahnes hängenbleibt, ertastet er jedes auch noch so winzige Loch.

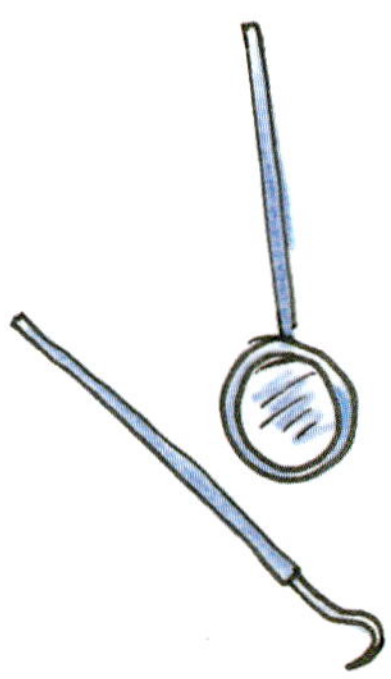

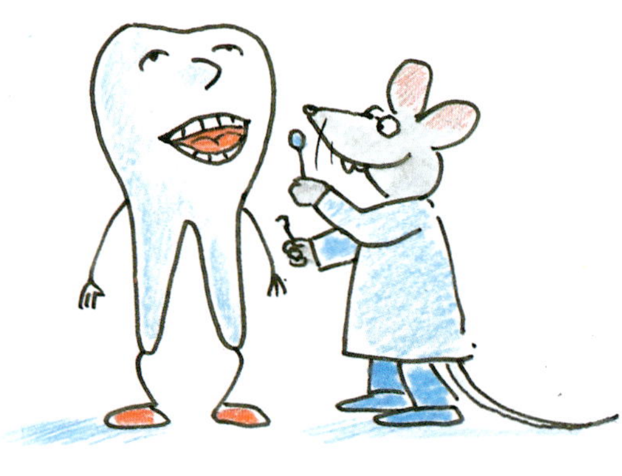

Klick! Ein Foto!

Wenn es ihm nötig erscheint, macht der Zahnarzt eine Röntgenaufnahme von unseren Zähnen: Es ist eigentlich eine Fotografie des Zahns von innen, wodurch er sogar ein verstecktes Loch aufspürt und gleich sieht, wie tief es ist und ob eine Entzündung vorliegt.

Eine Röntgenaufnahme im Anschluß an eine Zahn- oder Wurzelbehandlung dient der nachträglichen Kontrolle: So kann man nämlich überprüfen, ob die Behandlung richtig ausgeführt wurde.

Eine Abmachung auf Ehrenwort

Sobald der Zahnarzt erklärt, was er tun wird, trifft man am besten gleich eine Abmachung: Er verspricht uns, vorher zu sagen, ob es ein wenig weh tun wird. Doch für den Fall, daß es

uns zu weh tut oder wir eine Pause brauchen, vereinbart man ein Zeichen: Wenn wir die Hand heben, hört er auf.

Wenn der Eingriff zu schmerzhaft wird, gibt es zum Glück ein Mittel, um den Schmerz völlig auszuschalten: die *Betäubung.*

Ein schlafender Zahn

Betäubungsmittel schläfern den Zahn und seine Umgebung ein. Man spürt überhaupt nichts mehr, und der Zahnarzt kann sogar sehr schmerzhafte Eingriffe vornehmen: einen Nerv herausziehen, ein tiefes Loch behandeln, einen Zahn ziehen ...

Um einen Zahn gefühllos zu machen, gibt der Zahnarzt eine Betäubungsspritze ins Zahnfleisch. Das tut im allgemeinen nicht weh, denn die Nadel ist hauchdünn, und das Mittel wird ganz langsam und vorsichtig gespritzt. Wer sehr ängstlich ist, darf den Zahnarzt auch bitten, zuerst das Zahnfleisch zu betäuben, damit man die Spritze nicht spürt.

Kurz nach der Spritze hat man ein ganz komisches Gefühl: die betäubte Stelle scheint aufzuquellen und dann ganz hart zu werden; und wenn man hinfaßt, spürt man überhaupt nichts mehr!

Die Kariesbehandlung

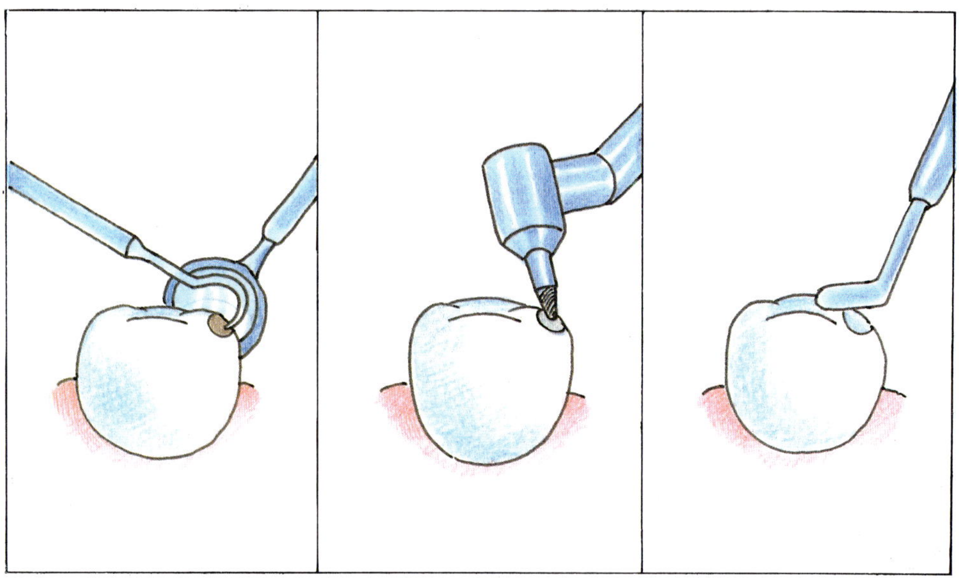

Mit Spiegel und Sonde wird Karies aufgespürt

Karies wird mit dem Bohrer entfernt

Zahnfüllung

Die Zukunft ist rosig

Seit 1950 werden in der Zahnheilkunde laufend Fortschritte erzielt: Was für ein Glück für uns! Und es wird noch viel Neues geben: Der Laser-Strahl, der Karies geräusch- und schmerzlos von Grund auf reinigen könnte, wird noch erforscht. Mit Hilfe der Computertechnik wird man genaue Messungen anstellen und sogar Apparate für die Zahnregulierung und für Prothesen herstellen können.

Eine in den USA entwickelte chemische Lösung ermöglicht es bereits, das gesamte von Karies befallene Gewebe eines Zahns aufzuweichen, ohne das gesunde Gewebe zu schädigen. Die Zeit wird kommen, wo all die Instrumente, die uns Angst einflößen, vor allem der sirrende und der brummende Bohrer, immer seltener benutzt werden. Und vielleicht wird ja eines schönen Tages ein Anti-Karies-Impfstoff gefunden!

Zahngeschichten

Die Geschichte zeigt Zähne

Für die Menschen der Vorzeit waren die Zähne ein unentbehrliches Werkzeug: Sie dienten nicht nur zum Essen, sondern auch als Waffen. Daraus erklärt sich, warum die Kiefer der Urmenschen so groß waren, viel stärker ausgeprägt als bei uns heute .

Die Zähne der Vorzeit

Unsere Zähne sind der härteste Teil unseres Körpers, daher bleiben sie auch nach dem Tode am besten erhalten. Ihr werdet kaum glauben, was man alles erfahren kann, wenn man Kiefer und Zähne von Menschen untersucht, die in grauer Vorzeit gelebt haben! Form, Größe und Abnutzung eines Gebisses lassen noch nach Jahrtausenden Rückschlüsse zu auf Lebensweise, Gebräuche und Ernährung der Menschen jener Zeit.

Karies? Ein Fremdwort für die ersten Menschen!

Die ersten Menschen waren Jäger und Sammler und somit eigentlich ständig auf Nahrungssuche. Sie kannten keinen Zucker und aßen meist rohe und sehr harte Kost. So blieben sie von Karies weitgehend verschont. Doch abgenutzt waren ihre Zähne, wenn nicht gar gesplittert.

Zahnbürsten kannten sie natürlich auch nicht, doch sie benutzten winzige Holzstäbchen als Zahnstocher, um Speisereste aus den Zahnzwischenräumen herauszuholen.

War ein Zahn kaputt, wurde er kurzerhand ausgerissen: Entweder mit den Fingern oder mit einem Stein oder Holzstück, das man als Hebel benutzte.

Erst in der Bronzezeit waren die Menschen so weit, Zangen herzustellen, um damit Zähne zu ziehen.

Achtung, Zucker im Anmarsch!

Ackerbau und Viehzucht kommen auf, die Ernährung wird abwechslungsreicher und enthält immer mehr Zucker: Und mit dem Zucker kommt Karies.

Später, als der in Indien angebaute Zucker um die ganze Welt reiste, hatte er Karies im Schlepptau. Überall schleicht sich Karies ein, erst langsam, dann aber, als immer mehr Zucker gegessen wird, immer schneller: Mittlerweile haben 90 % der Menschen Karies, während es im 19. Jahrhundert nur 10 % waren!

Die Zähne der Kleopatra

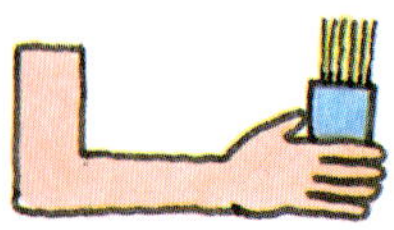

Im Altertum hatte man eine Vorliebe für Zahnstocher, um die Zähne zu reinigen. Die Ägypter, die Hebräer, die Griechen und die Römer verwendeten sie.

Damals wurde auch eine „Kaupaste" erfunden. Sie enthielt zu Pulver zerriebenen Stein und Pflanzenextrakte. Damit glaubte man die Zähne reinigen und Entzündungen verhindern zu können.

Die *Hebräer* bevorzugten Mundspülungen mit Minze oder Kamille und massierten sich das Zahnfleisch. Auch auf die richtige Ernährung achteten sie sehr.

Die *Ägypter* erfanden die ersten Zahnfüllungen: Sie stopften das Loch mit einer „Glaspaste", die jedoch nicht hart genug war und nicht lange hielt.

Die *Etrusker* konstruierten schon Prothesen und falsche Zähne: Wo ein Zahn fehlte, umwickelte man die Nachbarzähne mit Goldplättchen und befestigte dazwischen Tierzähne, die sorgfältig in Form geschnitten und gefeilt wurden.

Die *Griechen* verhalfen der Zahnheilkunde zu gewaltigen Fortschritten. Hippokrates, der vieles entdeckte, was für unsere Gesundheit von großer Bedeutung ist, befaßte sich auch mit Mund und Zähnen. Zahnwachstum, damit verbundene Probleme, ungünstige Zahnstellungen, Mundhygiene – alles interessierte ihn.

Die *Römer* machten sich all diese Entdeckungen zunutze. Auf Hygiene legten sie größten Wert, und so erfanden sie auch die Vorgängerin unserer Zahnbürste: Mit einem faserigen Holzstäbchen rubbelten sie die Zähne ab. Außerdem benutzten sie hölzerne Zahnstocher, Metallstocher, Kaupaste, Zahnpulver und machten Mundspülungen.

Die *Chinesen* machten vom 5. Jahrhundert an Zahnfüllungen aus einem Silber- und Quecksilbergemisch.

Im *Mittelalter* weiß man immer noch nicht, wie man Karies richtig behandelt, um den Zahn zu erhalten. Man kennt nur eine Methode: Raus mit dem kaputten Zahn!

Die Zahnreißer kommen in Mode. Sie stammen aus Italien, wo sie von Ort zu Ort ziehen und ihre Dienste anbieten. Sie sind so gefragt, daß sie bald, landauf, landab, zu einem der Hauptanziehungspunkte auf den Jahrmärkten werden: Man drängelt sich, um ihren Auftritten zuzuschauen und zuzuhören. Diese Zahnreißer sind gleichzeitig Possenreißer, Sprücheklopfer und Zauberer. Sogar Pauken und Trompeten sind manchmal dabei, die die Schreie der Opfer übertönen sollen.

Die Zahnbürste kommt von weit her

In China wurde die Zahnbürste im 15. Jahrhundert erfunden. Im 18. Jahrhundert machte Pierre Fauchard, ein französischer Gelehrter, verschiedene wichtige Entdeckungen auf dem Gebiet der Zahnheilkunde: Er entfernte Zahnstein, fand die Ursache von Karies heraus und behandelte Löcher, indem er den Zahn ringsum säuberte und mit einer Füllung aus Blei, Zinn oder Gold verschloß. Er war auch der Erfinder der falschen Zähne oder Prothesen: Auf die Wurzeln kaputter Zähne setzte er Stiftzähne und als Zahnersatz modellierte er künstliche, herausnehmbare Gebisse.

Der Deutsche Philipp Pfaff kannte die Arbeiten Fauchards und baute dreißig Jahre später darauf auf. Er erfand die Methode, Abdrücke vom Kiefer mit Hilfe von Siegelwachs zu nehmen und danach Gipsmodelle herzustellen. Künstliche Zähne schnitzte er aus Elfenbein, doch dies teure Material konnte sich nicht jeder

leisten. Er war auch der Erfinder der „Zahnmaschine", bei der zwei Elfenbeinprothesen, mit einer Feder verbunden, ein vollständiges Gebiß ergaben. Pfaff schrieb 1756 das erste deutsche Lehrbuch der Zahnheilkunde und wurde so berühmt, daß Friedrich der Große ihn zu seinem Hofzahnarzt ernannte.

Nachdem diese wissenschaftlichen Grundlagen gelegt waren, gab es sehr schnell weitere Fortschritte. So wurde 1771 der erste, von Pedalen angetriebene, Bohrer erfunden.

Zahn um Zahn

In allen Kulturkreisen haben die Menschen den verschiedenen Körperteilen ganz bestimmte Bedeutungen zugeordnet: So bedeutet zum Beispiel das Herz bei uns Liebe, vielleicht weil es bei jeder Erregung schneller und kräftiger schlägt.

Seit dem Altertum verbindet sich mit den Zähnen Kampfeslust, Angriffsfreude und Lebenshunger. Vielleicht weil unsere Vorfahren, die Menschen der Vorzeit, ihre Zähne zum Zerreißen der Nahrung und auch als Waffen nutzten.

Es gibt Völker, die aus ihrem Gebiß Kunstwerke machen: da werden Zähne pfeilförmig zugespitzt oder wie eine Säge ausgezackt, als seien sie Werkzeuge, anderswo modelliert oder färbt man sie.

In Südamerika haben Archäologen Skelette gefunden, deren Zähne mit Edelsteinen und Gold eingelegt waren.

Zähne und Handwerkskunst

Früher benutzte man häufig seine Zähne und Kiefer als Arbeitsgerät:

– Die Korbflechter hielten das Stroh, das sie flochten, zwischen den Zähnen fest.

– Die Schneiderinnen bissen den Faden ab und hielten die Nadeln zwischen den Zähnen.

– Die Artisten, die sich, nur an ihrem Kiefer aufgehängt, hoch oben am Seil in der Luft halten, oder solche, die nur mit Kieferkraft gewaltige Gewichte hochstemmen, kann man auch heute noch im Zirkus sehen.

Bräuche und Aberglaube

Auch in den Bräuchen und Vorstellungen vergangener Zeiten nehmen die Zähne von Menschen und Tieren einen wichtigen Platz ein:

– Man glaubte, daß um den Hals gehängte Ketten aus Fuchs- oder Wolfszähnen das Zahnen der Kinder erleichtern würde.

– In der Bretange, einer Gegend in Frankreich, empfahl man, das vierblättrige Kleeblatt mit den Zähnen zu pflücken – nur dann würde es Glück bringen.

Rezepte zum Lachen

Als die Zahnmedizin noch in den Anfängen steckte, behalf man sich mit merkwürdigen Rezepten und Ratschlägen:

– Bei rasenden Zahnschmerzen berührte man den wehen Zahn mit einem Nagel, den man anschließend in einen Baum trieb.

– Man rieb das Zahnfleisch mit einer Paste aus Honig und Rinderhornpulver ein und hoffte, daß danach keine Zähne mehr ausfielen.

– Um Zahnschmerzen vorzubeugen, trug man eine Hagebutte mit sich herum.

– Wenn ein Zahn weh tat, preßte man eine Gewürznelke auf die schmerzende Stelle: Ihre desinfizierende Wirkung kannte man seit der Antike und heute ist sie wissenschaftlich erwiesen.

– Um den Babys beim Zahnen zu helfen, massierte man das Zahnfleisch mit Eibischwurzeln ein oder gab ihnen Veilchenwurzeln zum Kauen.

Zähne sind vielsagend

Wenn man im täglichen Leben die Ohren spitzt, hört man heraus, ob Wörter, Sätze und Ausdrücke bissig, bärbeißig, spitz oder arglos und einfach lustig gemeint sind.

Wenn man in die Wälder der Märchen und Sagen hineinhorcht, hört man vom Wolf, der das Rotkäppchen verschlingen will, oder von den Zwergen, die beim Arbeiten durch die Zähne pfeifen.

Redensarten

In unserer Sprache gibt es Redewendungen, die bissig klingen, andere, wo man das Zähneknirschen fast heraushört, wieder andere, die nur lächelnd gesagt werden können, und sie alle darf man nicht wortwörtlich nehmen, da sie häufig mit der Wirklichkeit nichts zu tun haben. Sie sind „im übertragenen Sinne“ gemeint, als bildliche Redewendungen.

Wenn jemand *Haare auf den Zähnen* hat, dann ist mit ihm *nicht gut Kirschen essen,* denn er weiß sich zu wehren.

Sagt man, *diesen Zahn hat man ihm gezogen,* so hat man ihm einen Traum, eine Illusion zerstört.

Will man *jemandem auf den Zahn fühlen,* so will man ihn genau prüfen, ihn durch geschickte Fragen ausforschen.

Sagt man, *es liegt mir auf der Zunge,* so fällt einem das Wort im Augenblick nicht ein.

Hat man *sich die Zunge verbrannt,* so hat man etwas Dummes gesagt, was man besser verschwiegen hätte.

Hat man *sich die Zähne an etwas ausgebissen,* so hat man es trotz großer Anstrengungen nicht geschafft.

Muß man *die Zähne zusammenbeißen,* muß man eine schwierige Situation tapfer durchstehen.

Wenn man aber jemandem *die Zähne zeigt,* dann droht man wie ein Hund und zeigt die Absicht, sich zu wehren.

Wer *mit langen Zähnen ißt,* ißt mit Widerwillen.

Wer *lange Zähne macht,* ist gierig, *ihm läuft das Wasser im Munde zusammen.*

Vielleicht bekommt er nur etwas *für den hohlen Zahn,* das heißt, viel zu wenig.

Zwei Farben können *sich beißen,* Essig auf einer Wunde *beißt,* man muß *in den sauren Apfel beißen,* manchmal *beißt man auf Granit,* muß etwas *zähneknirschend* zugeben, muß *zähneklappernd* zittern vor Angst, muß *verbissen* arbeiten, *bärbeißige* Gesichter über sich ergehen lassen, sich eine Bemerkung *verbeißen,* oder *sich auf die Zunge beißen,* um nicht laut loszulachen.

Ende gut – alles gut

Und wie heißt es in den Märchen:

– Schneewittchen biß in den vergifteten Apfel; sie hatte Zähne wie Perlen und Lippen, rot wie Blut.

– Der Wolf dachte bei sich: Das ist ein fetter Bissen . . . und leckte sich schon das Maul. Er verschlang Rotkäppchens

Großmutter. „Aber Großmutter, was hast du für ein entsetzlich großes Maul?“ – „Daß ich dich besser fressen kann!“

– Auch Frau Holle hat beängstigend große Zähne.

– Hans im Glück schnalzte mit der Zunge, doch ehe er sich’s versah, hatte das Pferd ihn abgeworfen.

– „Knusper, knusper, Knäuschen, wer knuspert an meinem Häuschen?“ rief die Hexe Hänsel und Gretel zu.

– Der böse Wolf überlistete die sieben jungen Geißlein und verschlang sie alle, bis auf das jüngste.

– Pick, pick! Pick, pick! halfen die Tauben dem Aschenputtel. „Die schlechten ins Kröpfchen, die guten ins Töpfchen!“

– Die Brüder des kleinen Däumlings klapperten vor Angst mit den Zähnen, aber er fürchtete sich nicht.

Wer verschlingt wen?

In den Märchen ist auffallend viel vom Verschlingen, vom Fressen die Rede. Immer ist es der böse Wolf, der Riese, der Menschenfresser. In anderen Ländern sind es die Tiger oder die Jaguare. Sie alle flößen Angst ein mit ihrem riesigen Gebiß. Und doch lesen wir diese Märchen mit Spannung und sagen: Wir haben das Buch „verschlungen“. Und manche Märchenfiguren haben wir „zum Fressen gern“.

Wer frißt wen?

„Damit ich dich besser fressen kann …“ Wir alle benehmen uns manchmal wie Menschenfresser, Riesen oder kleine Däumlinge, wenn wir unsere Mitmenschen derart beanspruchen, daß ihnen keine Zeit mehr bleibt. „*Diese Arbeit frißt mich auf*“, hört man häufig. Und wenn ein Problem an einem *nagt, frißt* man *es in sich hinein.* Jemandem *aus der Hand fressen* bedeutet, dem anderen jeden Willen erfüllen. *In der Not frißt der Teufel Fliegen,* heißt: Er ist nicht wählerisch. Und wenn man jemanden nicht leiden kann, sagt man: *Den hab ich gefressen!*

In Märchen und Sagen ist das möglich, es sei denn, man findet eine List und befiehlt, wie der gestiefelte Kater dem großen Zauberer, sich in eine Maus zu verwandeln: „Der Kater war hinter ihm her, fing die Maus mit einem Sprung und fraß sie auf.“

Register

A
Abszeß 53
Aphten 54

B
Bakterien 50, 51
Betäubung 71/72
Bleibende Zähne 40, 43, 59
Bohrer 69

E
Eckzähne 29, 42, 45
Ernährung 61, 63, 78

F
Flour/Fluorid 64
Füllung 52

G
Gaumen 27, 32

K
Karies 50, 51, 52, 53, 60, 61, 63, 64, 68, 73, 77, 78, 80
Kaupasta 78, 79
Kehldeckel 34
Kehlkopf 34, 35, 36
Kieferorthopäde 55, 56
Kunststoff 52, 56, 59

L
Logopäde 37
Lungen 34, 36

M
Mahlzähne 29, 42, 45
Mandeln 32
Milchzähne 40, 41, 42, 43, 47, 50, 53, 54, 57, 58
Mundddusche 61, 63
Mundschleimhaut 28, 31
Mundvorhof 29

N
Nasenhöhlen 34, 35, 36

O
Oberkiefer 27, 28, 47
Okklusion 46

P
Papillen 30
Prothesen 73, 78, 80

R
Rachen 32, 33, 34, 35, 36

S
Sauger 70
Schluckvorgang 33, 34, 35
Schneidezähne 29, 42, 45, 47, 54, 55, 57
Sonde 70
Speichel 31
Speisebrei 33, 34
Stimmbänder 36

U
Unterkiefer 27, 29, 47, 55

V
Vordere Backenzähne 29

W
Weisheitszähne 29, 44
Winkelstück 69

Z
Zäpfchen 32, 34
Zahnbein o. Dentin 46, 52
Zahnbelag 51, 53, 55, 61, 62
Zahnbürste 61, 62, 63, 65, 77, 80
Zahnfleisch 29, 40, 41, 43, 44, 53, 58, 72
Zahnhals 45, 51
Zahnkeim 40, 53
Zahnkrone 44, 45, 57
Zahnmark o. Pulpa 46, 52
Zahnmarkhöhle 46, 52
Zahnpasta 61
Zahnregulierungsapparate 56, 57
Zahnschmelz 45, 57, 69
Zahnschmerzen 52,83
Zahnseide 61, 62
Zahnstein 53, 80
Zahnsteinentferner 70
Zahnstocher 77, 78, 79
Zahnwurzel 43, 44, 45, 46, 57
Zahnzement 46
Zucker 31, 51, 52, 63, 64, 65, 77, 78

Jeannette Bouton / Catherine Dolto-Tolitch

Das Schlaf- und Traumbuch

mit Schlafpaß

In den Schlaf zu gleiten ist wie die Vorbereitung zu einer Reise ins Weltall. Man schließt die Augen, kuschelt sich in die Decken, zieht die Beine an, rollt sich ein oder legt sich auf den Rücken, die Arme weit geöffnet, um die Nacht zu umarmen. Der Schlaf ist die kostbare Zeit der Träume, der guten wie der schlechten, die es natürlich auch gibt. Sie sind unser geheimer Schatz, unser Zauberland.

Ein Drittel unseres Lebens verschlafen wir. Doch diese verschlafene Zeit ist keine verlorene Zeit. Im Gegenteil, denn aus ihr schöpfen wir großen Nutzen für unsere Gesundheit und unser Wohlbefinden. Während wir schlafen, wachsen und erholen wir uns, und unser Gehirn arbeitet intensiv weiter.

Warum die Lebewesen schlafen, die Menschen und die Tiere, welch' aufregende Ereignisse während des Schlafens passieren, und warum Schlafwandler nicht geweckt werden dürfen – all dies und vieles mehr beantwortet **Das Schlaf- und Traumbuch.**

Dazu gibt es viele praktische Tips zum besseren Einschlafen, Schlafgeschichten, Gute-Nacht-Gedichte, Redensarten, Wiegenlieder und einen Schlafpaß für Morgenmuffel und Frühaufsteher.

Der Band hat 106 Seiten, viele farbige Illustrationen und ist gebunden.

Den kostenlosen Schlafpaß gibt es bei:

Über die Ärztin, Autorin und Herausgeberin

Catherine Dolto-Tolitch

„Meine Bücher sollen die Neugierde der Kinder wecken. Kinder mögen es, wenn man ihnen von den *großen Themen* erzählt: dem Leben, dem Tod, der Liebe. Das alles interessiert sie – vorausgesetzt, man meint es ehrlich mit ihnen."

Ehrlichkeit bedeutet für Catherine Dolto-Tolitch, daß sie den Kindern, auch den Jüngsten, Respekt im Sinne von Achtung vor der Persönlichkeit des anderen entgegenbringt.

Catherine Dolto-Tolitch ist die Tochter der französischen Psychoanalytikerin Françoise Dolto. Sie verfolgt das Ziel, Erwachsene mit Kindern ins Gespräch zu bringen und Eltern zu ermutigen, mit ihren Kindern zu sprechen, wirklich zu sprechen wie mit gleichberechtigten Partnern.

„Gesundheit soll Spaß machen"

Ganz im Sinne ihrer Mutter orientiert Catherine Dolto-Tolitch ihre Aufklärung und Gesundheitsförderung an den Zusammenhängen des Lebens. Gesunde Lebensweise bedeutet eine Erweiterung der Lebensmöglichkeiten und nicht Verzicht oder Einschränkung. In der ihr eigenen Art wendet sich die Herausgeberin und Autorin, Catherine Dolto-Tolitch, an Eltern und Kinder als eigenständige Persönlichkeiten und gibt ihnen Informationen über Körper und Seele. Aber bei aller Ernsthaftigkeit und Wissensvermittlung kommen in diesen Büchern Humor und Geschichten nicht zu kurz.

Die Reihe wird fortgesetzt.

Weitere Informationen über Catherine Dolto-Tolitch, ihre Gesundheits-Buchreihe **Kinder · Leben · Mitten · Drin** und über ihre Bilderbuch-Reihe **Hoppala** erhalten Sie bei: